Klaus Ranzenberger

Neues vom Onkel Franz

oder

die Odyssee eines Innviertlers

Klaus Ranzenberger

Neues vom Onkel Franz

oder

die Odyssee eines Innviertlers

VERLAG ANTON PUSTET

Impressum

Bibliografische Information der Deutschen Nationalbibliothek
Die Deutsche Nationalbibliothek verzeichnet diese Publikation in der Deutschen Nationalbibliografie; detaillierte bibliografische Daten sind im Internet über http://dnb.d-nb.de abrufbar.

Coverfoto: Kurt Salhofer

Grafik, Satz und Produktion: Tanja Kühnel
Lektorat: Arnold Klaffenböck
Druck: Christian Theiss GmbH, St. Stefan im Lavanttal
Gedruckt in Österreich

ISBN 978-3-7025-0900-2

Auch als eBook erhältlich: eISBN 978-3-7025-8054-4

www.pustet.at

„De te fabula narratur“

(Diese Geschichte wird über dich erzählt)

Horaz, Sermones, ca. 30 v. Chr.

Prolog

Jetzt ist er also wieder da. Ich hatte ja schon im Epilog meines Buches „Der Onkel Franz oder die Typologie des Innviertlers“ die Möglichkeit in Aussicht gestellt, dass der Onkel in Zukunft noch das eine oder andere Mal literarisch auftauchen würde. Und mir vermessenerweise gewünscht, er solle im besten Fall auch gar nicht ganz weggehen. Dass sich ein Stückerl Onkel Franz in den Gehirnwindungen gleichsam festgefressen haben könnte und sich immer dann zu Wort melden möge, wenn's allzu gleichgebürstet wird.

Meine Tante Jolesch heißt Onkel Franz. Hier wandelt der Onkel in sehr großen Schuhen. Beim verehrten Vorbild Friedrich Torberg beeindruckt mich vor allem die Macht der Feder. Wie es gelingen konnte, durch bloßes Aufschreiben längst verloren Geglaubtes, Totes am Leben zu erhalten und so den Grausamkeiten der Geschichte zu trotzen. Es herüberzuretten in eine Zeit, die Weisheiten und Einsichten jener Kultur, welche Torberg beschreibt, nötiger hat denn je. Für das vorliegende Buch habe ich mir erlaubt, ein weiteres großes Vorbild zu wählen. Eines, das es meisterlich verstanden hatte, mit den Mitteln der Komik und Satire gesellschaftliche Entwicklungen zu karikieren und damit auch vor deren Auswüchsen zu warnen. Mit der Methode des Clowns[1] eben.

Die Rede ist von Sir Charles Chaplin und seiner Figur, dem Tramp. Manche glauben ja, Chaplin wäre der Tramp beziehungsweise umgekehrt. Dem ist nicht so. Der Tramp ist „nur“ eine Figur, die Chaplin ersonnen hatte und auch selbst auf der Leinwand darstellte. Wie

1 Eine Formulierung, die ich mir aus Michael Köhlmeiers Werk „Zwei Herren am Strand“ entlehnt habe. Er möge mir verzeihen, wenn ich sie hier etwas zweckentfremdet (oder auch nicht?) benutze.

dem auch sei. Jedenfalls gelang es ihm, in seinem großartigen Film „Modern Times" diese scheinbar simple Figur derart mit der damaligen industriellen Revolution 2.0, der Erfindung des Fließbandes, kollidieren zu lassen, dass jedem Betrachter klar wird, welche negative Auswirkungen überbordender Technisierungswahn auf das Individuum haben kann. Ein visionärer Film, dessen Aussagen bis jetzt Gültigkeit besitzen.

Und heute, etwa achtzig Jahre nachdem „Modern Times" in die Kinos kam, sehen wir uns nun mit der industriellen Revolution 4.0 konfrontiert. Eine Entwicklung, vor deren Auswüchsen es auch erlaubt sein muss, zu warnen. Und so erlaube ich mir denn – dem großen Vorbild folgend –, meine Figur, den Onkel Franz, auf eine Reise zu schicken, in deren Verlauf er ebenfalls Bekanntschaft machen wird mit allerhand modernen Errungenschaften und Torheiten. Und dabei gleichsam als Spiegel fungiert für die Leserschaft. Als Spiegel, der den Blick reflektiert und dabei derart umlenkt, dass vielleicht die eine oder andere neue Sichtweise entstehen kann. Das wünsche ich mir zumindest. Möge die Übung gelingen.

Bevor es aber losgehen kann, ist noch eine Sache zu klären. Ich habe mich nach reiflicher Überlegung gegen eine dialektale Schreibweise bei den Passagen der direkten Rede entschieden. Handelte es sich bei der „Typologie des Innviertlers" noch um eine Sammlung von Anekdoten und Betrachtungen, ist vorliegendes Buch eine durchgehende Erzählung. Und über dessen ganze Länge ist, wie ich glaube, eine lautschriftartige Ausführung der Dialektpassagen weder Leser noch Autor zuzumuten. Aber keine Angst, der Onkel spricht jetzt nicht plötzlich Hochdeutsch, auf keinen Fall! Es ist vielmehr nun an Ihnen, geschätzte Leserschaft, den Dialekt gleichsam zu imaginieren, ihn in Ihrem Kopf entstehen zu lassen. Dies birgt natürlich auch Vorteile. Dadurch ist es für jeden möglich, das Buch in seinem eigenen Jargon zu lesen, und der Onkel Franz wird so von Basel bis

Neusiedl, von Bozen bis Norderney, im gesamten deutschsprachigen Raum verstanden. Wenn bei manchen Äußerungen des Onkels dennoch eine Diskrepanz zur hochsprachlichen Bedeutung für Verwirrung sorgen sollte, so mag eingangs erwähntes Buch „Der Onkel Franz oder die Typologie des Innviertlers" als Nachschlagewerk dienen.

Der einleitenden Worte sind nun genug gewechselt und ich lade Sie ein, sich mit dem Onkel Franz auf eine Reise zu machen, in deren Verlauf sich Vergnügen einstellen möge, möglicherweise Verwunderung und vielleicht auch die eine oder andere Einsicht.

1

Schon als der Onkel Franz an jenem Mittwochmittag in die Straße einbog, in der sein kleines Haus steht, beschlich ihn ein Gefühl, als könne dies ein besonderer Tag sein. Er war – wie jeden Mittwoch – am Stadtplatz gewesen. Einmal die Woche findet dort ein Markt statt und der Onkel hatte es sich zur Tradition gemacht, diesen regelmäßig zu besuchen. Fernab jeder Kaufabsicht besichtigt er dann die Stände und hält das eine oder andere Schwätzchen. Er kennt viele der Marktfahrer und Besucher und man kennt ihn.

Auch der Albert, sein ehemaliger Arbeits- und nunmehriger Pensionistenkollege, ist verlässlich auf dem Markt anzutreffen und die beiden Freunde hatten die Angewohnheit angenommen, am Ende der Standlschau einen gemütlichen Stadtplatzgastgarten aufzusuchen, um sich ein gepflegtes Vormittagsbier zu genehmigen. Aber nur eines. Denn um zwölf hieß es pünktlichst am Mittagstisch der jeweiligen Gattin zu erscheinen. Welche Sanktionen bei Zuwiderhandeln zur Anwendung kämen, ist nicht bekannt, noch nie hat einer der beiden Herren es je gewagt, diese Regel zu missachten.

So begab sich also dann der Onkel um drei viertel zwölf zu seinem Waffenrad der Marke Steyr, um dem heimatlichen Herd zuzustreben. Entgegen allen Unkenrufen der jüngeren Verwandtschaft fand er das Rad unversehrt an der Stelle vor, wo er es Stunden zuvor abgestellt und angekettet hatte. Das tadellos im Originalzustand erhaltene Gefährt könne gestohlen, begehrte Teile davon abgeschraubt und entwendet werden, hatte man ihn gewarnt. Aber nichts dergleichen war je eingetreten. Weder der chromblitzende Scheinwerfer noch die eiserne Luftpumpe fehlten. Der mächtige, stahlgefederte Ledersattel befand sich an seinem Platz, auch die ebenfalls lederne, dreieckige Werkzeugtasche samt Inhalt war dort, wo sie hingehörte.

Einer seiner Großneffen versuchte seit Langem ihn zu überreden, sich von dem altertümlichen Gefährt zu trennen. Schöne neue Fahrräder gäbe es mit bis zu vierundzwanzig Gängen und allerlei Stoßdämpfern. Auch elektrische Tretunterstützung wäre heute ein Thema. Für einen älteren Herrn wie den Onkel ein Komfort, den man sich gönnen solle. Großzügig bot der Herr Neffe an, die Transaktion zu übernehmen, für das alte Rad wären Käufer zu finden. Der Onkel Franz ließ ihn reden und dachte gar nicht daran, sich von seinem geliebten Drahtesel zu trennen. Genauso wenig, wie er aus lauter Angst vor Diebstahl darauf verzichten mochte, ihn regelmäßig zu benutzen. Das war seine Einstellung nicht. Ständig Risiken abzuwägen und ihnen auszuweichen hieße die eigene Freiheit einschränken, und dem konnte der Onkel noch nie etwas abgewinnen.

Den braunen Cordhut auf dem Kopf und die gefüllte Ledertasche auf dem Packelträger – ein bisschen was hatte er doch eingekauft – radelte er also um fünf vor zwölf durch seine Straße. Und da bot sich ihm nun ein seltsames Bild. Etliche seiner Nachbarn waren vor ihre Häuser getreten. Denn einige Kleintransporter parkten davor, beinahe wie am eben verlassenen Markt ging es zu. Aus den dunkelbraunen, weißen und gelben Gefährten stiegen ebenso gekleidete Männer augenscheinlich südlicher Herkunft und übergaben Pakete an die Nachbarn. DPD, EMS, DHL und UPS war auf den Logos zu lesen, die die Kleinlaster und die Uniformen ihrer Fahrer zierten.

Der Onkel hatte derlei natürlich schon wahrgenommen, eine Invasion dieses Ausmaßes war ihm aber neu. Zufall natürlich. Die hatten sich das sicher nicht ausgemacht, zeitgleich in der Wohnstraße des Onkels einzufallen. Und dennoch waren sie letztlich alle demselben Moloch zugehörig – Endtentakeln des Riesenkraken Internet. Der Onkel Franz fragte sich gerade, ob er der einzige Mensch war, dem dabei derartige Gedanken in den Sinn kamen, als er vor seinem Haus vom Rad stieg.

Und da parkte nun auch eines dieser Fahrzeuge. Die Tante wird doch nicht …? Aber nein, Entwarnung. Es war nur der Postler, der da vor der Tante stand und ihr einige Briefe übergab, der Herr Brandecker. Altgedient und kurz vor der Pensionierung. Früher kam er immer in schneidiger Uniform auf einem Postlermoped angeritten. Einem Puch-Einsitzer, auch der Onkel besaß so ein Modell. Und die damalige Uniform stand der eines Offiziers in nichts nach. Die dunkelblaue Tellerkappe, mit silbernem Posthorn und rotweißroter Kokarde geschmückt, wies ihren Träger als Amts- und Respektsperson aus. Vergangenheit. Heute erschien der Herr Brandecker in graugelber Funktionskleidung und war damit den Kollegen der privaten Paketdienste nicht unähnlich. Welche mittlerweile wieder verschwunden waren. Sie hatten ihre Waren abgeliefert und waren weitergezogen. Auch der Herr Brandecker verabschiedete sich, nachdem er die Tante noch für ein Einschreiben hatte unterzeichnen lassen. Dabei tippte er gewohnheitsmäßig an den nicht vorhandenen Mützenrand.

*

Im Haus empfingen den Onkel Franz ein gedeckter Tisch und himmlische Gerüche. Krautwickler! Wohl das Lieblingsgericht des Onkels und seine Frau setzte es etwa zweimal im Monat auf den Speisezettel. Wie alle klugen Frauen wusste sie, dass das Besondere nur dann besonders bleibt, wenn man es einer gewissen Verknappung unterzieht. Der Onkel setzte sich an seinen angestammten Platz auf die Eckbank und begann bedächtig sein Weißbier einzuschenken. „War was Wichtiges dabei?", fragte er dabei seine Gattin, auf die Briefe Bezug nehmend, die der Herr Brandecker gebracht hatte. „Ja, nein, eh nichts Besonderes. Stromrechnung, Wahlinformation und Werbung. Und ein Einschreiben von irgend so einem Wiener Anwalt." – „Aha." Man wünschte sich eine gesegnete Mahlzeit und begann mit derselben. Herrlich! Das Kraut ein bisserl angebrannt, so wie er es mochte, und die Fülle aus Reis und Faschiertem nicht zu trocken, aber auch nicht zu patzig. Viel Sauerrahm und Kartofferl aus dem eigenen Garten dazu, ein Gedicht.

„Wahlinformation", fragte er zwischen zwei Bissen nach, „müssen wir leicht schon wieder wählen?" Es war eine rhetorische Frage, der Onkel wusste natürlich, dass erneut zur Urne gerufen wurde. Zum wievielten Male in den letzten Jahren, konnte er gar nicht sagen. Grund war oft ein vorzeitiges Aufkündigen der Regierungszusammenarbeit, meist einhergehend damit, dass mindestens eine der Parteien den eigenen Obmann absägte. Oder es wurde wieder einmal von bekannter Seite eine Wahl angefochten und musste wiederholt werden. Evident war nur, dass diese Schüsse immer mehr nach hinten losgingen. Die Bürger hatten die Nase voll von diesem Kasperltheater. Zu durchsichtig waren jene Spielchen und man empfand Derartiges als lästig und unnötig. Und somit schadete es den Taktierern mehr, als dass es ihnen nützte. Und dennoch kamen sie immer wieder mit solchen Blödheiten daher.

Aber egal, kein Thema fürs Essen. Schon gar nicht, wenn es Krautwickler gab. „Und das Einschreiben, das interessiert dich gar nicht?", fragte die Tante eine Weile später nach. Der Onkel hatte nämlich nach seiner letzten Einlassung das Thema Post scheinbar für beendet erklärt und sich mit Hingabe seinem Teller gewidmet. „Da schaun wir dann nach dem Essen hinein", bestimmte er, „oder nach dem Mittagsschlaferl."

*

Das sogenannte „Mittagsschlaferl" pflegte der Onkel Franz auf dem Küchenkanapee zu absolvieren, allerdings nicht, bevor er der Tante beim Abräumen des Tisches und beim Abwasch assistiert hatte. Sie staubte ihn dabei zwar regelmäßig von einem Eck ihres Revieres in ein anderes und war mit der Qualität seiner Handlangerdienste nie vollständig zufrieden, dennoch erbot er sich täglich aufs Neue, sie beim Abtrocknen und Verstauen der Essutensilien zu unterstützen. Ein lieb gewonnenes Ritual des altgedienten Ehepaares. Die Tante kam auch dabei nicht erneut auf besagtes Einschreiben zu sprechen. Zu gut kannte sie ihren Gatten, wusste genau, der Franzl würde schon noch von sich aus nach dem Schriftstück verlangen. Und so war es dann auch. Nach halbstündiger Verdauungsruhe auf dem Kanapee streckte sich der Onkel Franz ausgiebig, rieb sich mit den Knöcheln beider Zeigefinger die Augen und erhob sich. Er ordnete seine leicht verrutschte Kleidung und strich sich die vom Polster etwas zerzausten Haare glatt. Alsdann trat er an die Küchenkredenz und öffnete die mittlere Schublade. In der pflegte er allerlei Utensilien aufzubewahren, deren Bestimmung keine eindeutige Zuordnung zu anderen Laden oder Fächern zuließ. Dementsprechend chaotisch ging es darin zu. Kugelschreiber fanden sich neben Klebstofftuben, Postkarten unter Rabattmarkenhefterln, eine Rolle Spagat in inniger Umarmung mit Geschenkschleifen und Reserveschuhbändern. Und eben der Brieföffner, ein Mitbringsel aus Maria Taferl, wie das Bild auf dem emaillierten Griff verriet. Eine der wenigen Reisen, die das Paar gemeinsam unternommen hatte. Nicht, dass der Onkel Ausflüge in Gesellschaft der Tante nicht mochte, im Gegenteil. Er genoss es, in ihrer Begleitung außer Haus zu gehen, sich mit ihr zusammen einen schönen Tag zu machen. Was er allerdings nicht ausstehen konnte, waren Gesellschaftsreisen. Womöglich noch mit dem Bus. Eingesperrt mit den lieben Mitmenschen, auf Gedeih und Verderb deren Konversation ausgeliefert. Am besten noch mit Reiseleiter. Der von besagtem Busausflug nach Maria Taferl hatte auch noch ein Mikrofon zur Verfügung gehabt und davon ausgiebigen Gebrauch gemacht. Zu allem Überfluss war der Obmann des Siedlervereins auch noch der irrigen Annahme gewesen, im Besitz einer schönen Singstimme zu sein. Mit Schaudern meldeten sich diese Erinnerungen beim Anblick des Brieföffners. Der Onkel schüttelte sich unmerklich und verdrängte dieselben. Drehte sich, das Stilett wie eine Taufkerze erhoben, zur Tante um und sah sie abwartend an. Wozu auch viele Worte machen, die Geste war ja nicht zu missdeuten. Der Onkel hatte beschlossen, dass es nun an der Zeit sei, das Einschreiben zu öffnen.

*

Der Nachname des Anwaltes war schier unaussprechlich. Er war sehr lang, begann mit Sz und endete mit szky. In Wien nicht ungewöhnlich. Wer Zweifel an der Durchmischung im K.-u.-k.-Vielvölkerstaat haben sollte, dem sei die Lektüre des Wiener Telefonbuches empfohlen, dachte der Onkel, als er den Absender des Briefes studierte. Der wies den Herrn Doktor der Rechte als Inhaber einer Kanzlei im zehnten Bezirk – in Favoriten also – aus. Adressiert war das Schriftstück an den Onkel Franz persönlich, der Herr Brandecker hatte sich demnach einer Fahrlässigkeit im Amt schuldig gemacht, als er die Tante dafür hatte unterschreiben lassen. Diesen Gedanken teilte er seiner Frau mit, welche darauf ebenso scherzhaft antwortete: „Wirst schon nichts angstellt haben, oder? Jetzt mach schon auf." Er setzte den Brieföffner aus Maria Taferl am rechten oberen Eck des Umschlags an und begann denselben betont langsam aufzusäbeln. Zog daraufhin das zweifach gefaltete Schriftstück heraus und strich es bedächtig auf dem Küchentisch glatt. Erst als er seine Lesebrille abgenommen, sie mit dem Zipfel seiner Strickweste ausgiebig geputzt und wieder aufgesetzt hatte, begann er zu lesen. „Sehr geehrter Herr ..., und so weiter, aha, mhm, ... teilen wir Ihnen mit, mhm, ach so, ... zur Verwaltung des Nachlasses ... auweh!" – „Jetzt sag schon, Franzl, was steht denn drin?" Der Onkel nahm die Brille ab, legte den Brief zur Seite und gab nun seiner Frau Auskunft über das eben Gelesene. „Der Hubert, du kennst ihn, glaub' ich, gar nicht, ist gestorben, in Wien. Eher weitschichtig verwandt. Seine und meine Oma waren Schwestern. Somit ein Großcousin, oder? War schon länger in einem Pflegeheim und ich wär' jetzt sein letzter lebender Verwandter. Hab' ihn ja selbst kaum gekannt und sicher vierzig Jahre nimmer gesehen. Na, und der Herr Anwalt schreibt, dass ich jetzt nach Wien fahren müsst', wegen dem Nachlass."

„Oje, Franzl", war die Reaktion der Tante und bezog sich einerseits auf den Todesfall an sich und andererseits auf die Notwendigkeit der Reise, weil sie wusste nur zu gut, dass ihr Gatte so gar nicht gern fortfuhr, „wann müssen wir denn dann dahin?" Bereits Montag in einer Woche wäre der Termin angesetzt, antwortete ihr der Onkel Franz. Und eben an diesem Tag hatte aber die Tante schon der Mitzi, einer betagten Verwandten, versprochen, sie zum Arzt zu begleiten. Was sich aber sicher verschieben ließe. Das komme gar nicht infrage, bestimmte der Onkel darauf, dann fahre er eben alleine. Nicht, dass er seine Frau nicht gerne dabei gehabt hätte. Nur wusste er genau, dass ihn die aufgezwungene Reise übellaunig machen und die Tante notgedrungenerweise dabei einen Teil seines Grants abbekommen würde. Weder könne man die Mitzi alleine zum Doktor gehen lassen noch verantworten, die angesetzte Untersuchung zu verschieben, argumentierte er. Und das Fahrgeld nach Wien und zurück wäre schon für einen teuer genug.

Ersteres sah die Tante ein, die Fahrtkosten betreffend vermeinte sie, eine Lösung zu haben. Vor Tagen wäre eine Werbung ins Haus geflattert, die eine Neuerung im Personenverkehr anpries. Fernbusse führen nun regelmäßig unter anderem nach Wien, und das für unglaublich günstige neunzehn Euro. Das wär' doch was. „Ja freilich, so weit käme es noch", erwiderte der Onkel Franz, „ich mit dem Bus, auf gar keinen Fall." Wo denn der Unterschied zum Zug sei, wollte seine Frau wissen, obwohl sie die Antwort kannte. Denn die wenigen Busreisen der Vergangenheit hatten – wie schon erwähnt – beim Onkel eine tiefe Abneigung für dieses Transportmittel hinterlassen. Im Zug hingegen wäre man seiner Erinnerung nach ein klein wenig unabhängiger, mobiler und auch anonymer. Dieser Überzeugung war der Onkel, wenngleich er schon des Längeren nicht mehr mit der Bahn gereist war. So war die Entscheidung also gefallen und er würde gleich morgen beim Bahnhof vorbeiradeln, um sich nach der geeigneten Zugverbindung zu erkundigen.

2

Nun saß er also im Regionalexpress, der ihn seinem Ziel, der Bundeshauptstadt, ein Stück näher bringen sollte. Der Onkel Franz hoffte das – nämlich im richtigen Zug zu sitzen – zumindest. Seine diesbezüglichen Recherchen hatten sich zwar nicht als schwierig, dennoch aber als nicht gerade vertrauenerweckend erwiesen.

*

Wie geplant war er am Tag nach Erhalt des Einschreibens zum Bahnhof gefahren. Nicht mit dem Rad, wie er es vorgehabt hatte, sondern mit dem Moped. Die Puch MS 50 holte der Onkel aus der Remise, wenn ihm der Weg aufgrund der tatsächlichen Länge oder der persönlichen Tagesverfassung mit dem Fahrrad zu mühevoll erschien. Letzteres war an jenem Tag der Fall, sein Stammtischaufenthalt am Vorabend war länger als üblich ausgefallen. Er liebte seinen „Hühnerstauber", wie das Gefährt umgangssprachlich auch genannt wurde. Einer Theorie zufolge war dieser Kosename aufgrund der Tatsache entstanden, dass das laute Knattern des Zweitakters bestens dazu geeignet war, friedlich pickende Hühner aufzuscheuchen, zu „verstauben". Eine andere, wenn auch ähnliche, führte zum Vorgänger des Mopeds, dem Fahrrad mit Hilfsmotor zurück. Wenn auch heutzutage Heerscharen von Rentnern mit Omnipräsenz auf den Straßen die Erfindung des E-Bikes feiern, neu ist die Idee nicht. Bereits 1938 entwickelte der Österreicher Anton Fuchs den nach ihm benannten Hilfsmotor, der in der Folge an Fahrrädern verschiedenster Marken zum Einsatz kam. Ein springender Fuchs zierte das Emblem des Aggregats und Besitzer derartig auffrisierter Gefährte nannten sie liebevoll „Fuchserl". Und da der Fuchs von jeher der natürliche Feind des Huhnes ist, soll die Bezeichnung „Hühnerstauber" hier ihren Ursprung haben.

Wie dem auch sei, der Onkel erreichte damit also den Bahnhof und stellte das Moped unmittelbar vor dem Eingang zum Schalter ab. Er wollte es im Blick behalten, da das Lenkerschloss kaputt war. Ob dieses unvorschriftsmäßige Parken der Grund war oder einfach die Chemie zwischen dem Onkel Franz und dem Herrn Fahrdienstleiter nicht gestimmt hatte, wir wissen es nicht. Auf jeden Fall gestaltete sich die Konversation der beiden von Anfang an schwierig.

„Montag übernächste Woche bräucht' ich einen Zug auf Wien, gibt's da was?", war des Onkels Eröffnungsfrage. Selbstverständlich gebe es Züge nach (der Uniformierte betonte dieses „nach") Wien, jede Menge sogar. Man müsse nur das Datum und die gewünschte Tageszeit der Reise exakter benennen, dann könne er weiterhelfen. Ob der Onkel nicht zu Hause und in aller Ruhe sich die Verbindung selbst heraussuchen wolle? Die entsprechende Internetseite wäre sehr einfach zu bedienen. Dieses damit verbundene grundsätzliche Voraussetzen, jedermann habe Internet, war dem Onkel sofort ein Dorn im Auge, was er der Amtsperson auf – seiner Meinung nach – höfliche und sachliche Art mitteilte. „Kein Internet?", replizierte diese leicht herablassend, „wohnen S' recht exponiert oder warum haben S' keines?"

Das war nun genau jene Art, mit der man beim Onkel Franz nicht allzu gut ankam. „Aber nein", antwortete er sodann auch ruhig, jedoch in einem Ton, der sich automatisch jede weitere süffisante Entgegnung verbietet, „meine Wohnlage ist schon in Ordnung, ich denke nur recht exponiert. Und jetzt schaun Sie bitte für mich, wann am Montag, den zwanzigsten, am Vormittag ein Zug auf (jetzt war er es, der dieses Wort betonte) Wien geht. Vor halb elf möcht' ich ankommen. Ist das möglich?" Wer den Onkel Franz kennt, weiß, dass dies eine für ihn ungewöhnlich lange Rede gewesen war. Meist beschränkt er sich auf knappe Entgegnungen und kurze Sätze. Hier aber war ihm daran gelegen gewesen, seinen Standpunkt unmissverständlich zum Ausdruck zu bringen und weitere Umwege, die der Dialog noch hätte nehmen können, von vornherein zu unterbinden.

Was auch gelang. Ohne noch ein Wort zu entgegnen, hatte sich der Bahnbedienstete seinem Bildschirm zugewandt, das Gewünschte herausgesucht und dem Onkel mit einem leidlich höflichen „Bitteschön" einen Ausdruck desselben überreicht. Nachdem dieser die ebenso höflich gestellte Frage, ob er denn gleich für die vorgeschlagene Verbindung eine Karte lösen möchte, bejaht hatte, wurde auch diese Transaktion erfolgreich abgeschlossen. Natürlich hatte sich der Onkel vorm Schalter nicht die Blöße gegeben, die Daten der Reise näher zu studieren oder gar diesbezüglich Fragen an sein Gegenüber zu richten. Erst zu Hause hatte er Zug- und Bahnsteignummer sowie Umsteigezeiten und -orte widerwillig einer eingehenden Untersuchung unterzogen. Nicht, dass er grundsätzlich mit dergleichen überfordert gewesen wäre. Es verhielt sich vielmehr so, dass er jede von außen aufgezwungene Abänderung seiner gewohnten Routinen nicht mochte. Und Reisen schon gar nicht.

*

Schon auf dem Bahnsteig war der Onkel Franz erstaunt gewesen, was da bereits um sechs Uhr früh so los war. Einer seiner Nachbarn, der aufgrund seiner Schichtarbeit um diese Zeit schon oder noch auf war, hatte ihn zum Bahnhof gefahren. Da dachte der Onkel noch, er würde dort dann wohl alleine mit seiner ledernen Tasche in der Hand auf den Frühzug warten. Aber weit gefehlt. Allerlei Leute bevölkerten schon Vorplatz und Halle. Hauptsächlich jüngere Menschen, wohl Schüler. Bei den Reisenden mittleren Alters vermutete der Onkel berufliches Pendeln. Deren Gesichtern waren Müdigkeit und ein gewisser Unwillen der frühen Stunde gegenüber anzusehen. Dafür konnte er Verständnis aufbringen, er war selbst kein Morgenmensch.

Was den Onkel Franz jedoch erstaunte, war das Verhalten der Jungen. Angesichts der vielen Jugendlichen hatte er schon gar arge Lärmbelästigung auf der Fahrt befürchtet, dem aber war nicht so.

Weder auf dem Bahnsteig, während sie auf die Einfahrt des Regionalzuges warteten, noch später im Abteil – hier war der Onkel von ihnen regelrecht umzingelt – gab das Jungvolk nennenswerte Geräusche von sich. Er hatte laut geführte, alberne Unterhaltungen zwischen den Schülern erwartet, schrilles Gekicher und die eine oder andere kleine Zankerei. Das hätte er dem Alter entsprechend als normal erachtet, der frühen Pubertät, in der die meisten wohl gerade steckten, angemessen. Und hätte sich auch nicht wirklich daran gestört. Seine oft zur Schau gestellte leicht grantelnde Art war zur Gewohnheit gewordenes Gehabe, das seinem Wesen gar nicht so sehr entsprach. Gerade für die Jugend brachte er weitaus mehr Verständnis auf als die meisten seiner Generation.

Nicht verstehen allerdings konnte er das, was sich ihm nun hier bot. Beinahe unheimlich still war es im Abteil. Denn so gut wie jeder der Buben und Mädchen hatte kleine Stöpsel im Ohr stecken, deren Kabel mit flachen Geräten verbunden waren, die sie in den Händen hielten. Darauf war mit leicht gesenktem Kopf ihr Blick geheftet und darauf huschten Daumen und Zeigefinger in schnellen Wisch- und Tippbewegungen herum. Die einzigen Geräusche – abgesehen von gelegentlichem Hüsteln und Räuspern – waren Signale verschiedenster Art, seltsame Töne, die sich in einer gewissen Regelmäßigkeit wiederholten. Da gab es Dingdongs und Plingplings, Harfen- und Klopftöne und einen – der einzige, der den Onkel zum Schmunzeln brachte – Ton einer alten Autohupe. Was ihn weniger belustigte als erschreckte, war aber die gleichförmige Teilnahmslosigkeit der Jugendlichen. Und noch bevor sich diesbezüglich Vorurteile bei ihm bilden konnten, erblickte er am Ende des Waggons etliche der vorhin erwähnten Pendler gesetzten Alters, deren Verhalten dem der Schüler aufs Haar glich. Der Onkel kam sich vor, als wäre er zu Besuch auf einem anderen Planeten, dessen Sitten und Gebräuche ihm vollkommen fremd sind.

Gut, natürlich wusste er, was seine Mitreisenden da trieben. Einer seiner Großneffen, der Rachbauer Kevin, war ebenso kaum von seinem Handy wegzukriegen und versuchte bei jeder sich ihm bietenden Gelegenheit den Onkel zu überzeugen, sich ebenfalls eines dieser Wundergeräte anzuschaffen. Auf Facebook wollte er sich dann mit ihm „befreunden" und „seine Inhalte teilen". Der Onkel Franz hatte ihm – nachdem er sich alles genau hatte erklären lassen – zu verstehen gegeben, dass er keinen Sinn darin erkennen könne. Dass er es ablehne, im Wirtshaus seine Essigwurst zu fotografieren, um seinen fünfhundert Freunden zur Kenntnis zu bringen, was er gerade esse. Erstens teile er seine Essigwurst mit niemandem, so weit käme es noch, und zweitens habe man im Leben mit sehr viel Glück allerhöchstens zwei wirkliche Freunde. Und wenn der Bub etwas von ihm wolle, solle er gefälligst vorbeikommen, da er ohnehin nur zwei Straßen weiter wohne. Vielleicht würde die Tante einen echten Gugelhupf backen, den könne man dann teilen.

Diese Gedanken brachten den Onkel darauf, dass er aufgrund der ungewohnten Stunde zu Hause das von der Tante angebotene Frühstück abgelehnt hatte. Er griff nach der zu seinen Füßen abgestellten Ledertasche und hob sie auf seine Knie, ließ das Schloss aufschnappen und öffnete sie. Es handelte sich bei der Tasche um einen jahrzehntelangen, lieb gewonnenen Begleiter. Eine Mischung aus Aktentasche und Arztkoffer, könnte man sagen, war das Behältnis, dunkelbraun und robust gebaut. An den Kanten verstärkt und an manchen Stellen schon arg abgewetzt. Neben diversen, für den Grund seiner Reise notwendigen Dokumenten enthielt das gute Stück etwas Leibwäsche zum Wechseln und einen kleinen Kulturbeutel. Der Onkel hatte zwar nicht vor, über Nacht auszubleiben, aber die Tante hatte gemeint, man könne ja nie wissen.

Der eigentliche Grund für die Examinierung des Tascheninhalts waren jedoch die Thermosflasche und die blecherne Brotdose mit eingestanzten Luftlöchern, welche ein hübsches Muster bildeten.

Ebenfalls ein langjähriger Begleiter. Der Onkel hatte mit den modernen Plastikbehältnissen keine rechte Freude. Er behauptete immer, darin befindliche Jausenbrote, vor allem jene mit Käse, würden „schwitzen". Also hatte ihm die Tante schon früher immer, als er noch zur Arbeit ging, sein Pausenbrot zuerst in Butterpapier und dann in besagte Dose gepackt. Sie selbst war zwar der Ansicht, ihr Gatte bilde sich erwähnten Qualitätsunterschied nur ein, aber bitte. Der Onkel hatte, nachdem er seine Tasche wieder auf den Boden gestellt hatte, sich seinem Mahl gewidmet. Kräutertee gab es, noch leidlich warm, und Schwarzbrot mit Schinken. Mit einer dünnen Schicht Butter unter und etwas frischem Kren auf dem Schinken. Genau so, wie er es mochte. Das zweite Brot entsprach ebenfalls seinem Geschmack. Eine nicht zu dünne Scheibe Tilsiter Käse, hier jedoch ohne Butter. Er aß von jedem eine Hälfte (beide waren von der Tante auseinandergeschnitten worden) und trank zwei Becher des Tees, während er sich der Lektüre seiner ebenfalls der Tasche entnommenen Tageszeitung widmete. Und würde dabei wohl – sofern sie ihn beachtet hätten – seinerseits für die Mitreisenden ein ihnen fremdes Bild abgegeben haben.

*

In Neumarkt-Kallham musste der Onkel wie auch die meisten seiner Mitreisenden umsteigen. Dafür blieb nur wenige Minuten Zeit, der Anschlusszug nach Linz stand schon bereit. Diesen Wechsel vollzogen die Jugendlichen, aber auch die erwachsenen Pendler ohne Hast und beinahe geräuschlos. Es war schon fast gespenstisch, wie sie – ihre seltsamen Kommunikationsgeräte in der einen Hand und nach wie vor den Blick fest darauf gerichtet, die Schul- oder Arbeitstaschen in der anderen – eine Karawane bildeten und zwei Gleise weiter zogen.

In annähernd gleicher Sitzordnung ließen sie sich in den dort wartenden Waggons nieder, auch der Onkel kam in selber Position wie zuvor zu sitzen. Die tägliche Routine war es wohl, die derart konformes Verhalten gebildet hatte. Das und der Gedanke, dass die Bahnknotenpunkte, die er kannte – Neumarkt-Kallham, Attnang-Puchheim und Schwarzach-St. Veit –, alle Doppelnamen hatten, ging ihm durch den Kopf, als der Regionalexpress 1777 mit einem Ruck anfuhr.

Hatte der Onkel Franz auf der ersten Etappe seiner unfreiwilligen Reise noch keinen direkten Sitznachbarn gehabt – ein Umstand, der ihm entgegenkam –, musste er seine Bank nun mit einem jungen Mann teilen. Wie die anderen war auch dieser mit seinem Mobiltelefon beschäftigt, hier jedoch konnte der Onkel jetzt nähere Beobachtungen anstellen. Ohne dass es groß auffiel, erhielt er durch leichtes Drehen seines Kopfes ungehindert Einblick auf das Display des Jausenbrettl-großen Gerätes. Und wenn er auch nichts davon verstand, wurde ihm schnell klar, dass der neben ihm Sitzende in einer Art elektronischem Versandkatalog blätterte. Turnschuhen galt zuerst die Aufmerksamkeit des Buben, in unzähligen Formen, Farben und Mustern huschten sie über den virtuos bedienten Bildschirm. Alsdann – scheinbar war das Gewünschte gefunden worden, ein Feld mit dem Text „In den Warenkorb" nebst dazu passendem Symbol wurde angeklickt – wechselte das Interessengebiet. Kopfbedeckungen waren nun gefragt. Schildkappen amerikanischer Machart, ebenfalls in jeder erdenklichen Farb- und Formgebung wurden begutachtet, in die engere Wahl gezogen und wieder verworfen. Letztlich wanderte dann aber auch hier eine davon in erwähnten Warenkorb.

Der Onkel Franz musste wohl unbewusst den Kopf geschüttelt und dadurch die Aufmerksamkeit des jungen Mannes erregt haben. Vorwurfsvoll traf ihn dessen Blick und wenn er es auch nicht artikulierte, war klar, dass er dieses Eindringen in seine Privatsphäre nicht schätzte. Demonstrativ kippte er das Gerät um einige Winkelgrade, sodass dem Onkel weitere Einblicke verwehrt wurden. Auch gut, dachte der, und holte erneut seine Zeitung aus der Tasche. Widmete sich zuerst dem Sportteil, um sich darauf den Wirtschaftsnachrichten zuzuwenden.

Hier dominierten Firmen die Berichterstattung, deren Namen zwar schon an sein Ohr gedrungen waren, wirklich viel anfangen konnte er mit ihnen dennoch nicht. Nach kurzem Überfliegen der Artikel stellte er fest, dass die an der Börse hoch gehandelten Unternehmen allesamt sich mit dem Internet beschäftigten, ja es geradezu erfunden haben wollten. Suchdienste, soziale Medienplattformen und elektronische Enzyklopädien waren ihr Geschäftsfeld und bald kaufte eines das andere auf und wurde seinerseits vom Nächsten übernommen. Und das jeweils um Unsummen, die dem Onkel Franz wegen der vielen Nullen ebenso substanzlos vorkamen wie das gehandelte Angebot dieser Firmen. Aber was weiß ich schon, dachte er, und wandte sich den Lokalmeldungen zu.

Beim Umblättern nahm er aus den Augenwinkeln heraus wahr, dass sein Sitznachbar nun seinerseits ihn beziehungsweise sein Medium neugierig begutachtete. Immer wieder wechselte der Blick des Buben vom tragbaren Bildschirm zum Papier des Regionalblattes. „Magst tauschen?", war des Onkels scherzhaft gestellte Frage, der Beginn einer nur mühsam in Gang kommenden Konversation. Noch kam nämlich keine Antwort. Nur ein etwas unwirsches Kopfschütteln, das jedoch von einem kurzen, unsicheren Grinsen begleitet wurde. Der Onkel Franz faltete die Zeitung zusammen und verstaute sie wieder in der ledernen Tasche. Obwohl der Imbiss, den er auf dem ersten Streckenteil seiner Reise eingenommen hatte, noch nicht lange zurücklag, meldete sich bereits wieder ein leichtes Hungergefühl. So beschloss er, den Rest seines Reiseproviants schon jetzt zu verzehren. Er nahm die Dose mit den beiden Brothälften heraus und platzierte sie auf seinen Knien, die Thermoskanne mit dem Rest des Tees stellte er auf die schmale Ablage unter dem Fenster. Gerade als er eines der Brote herausnehmen wollte, stellte er fest, dass nun diesem die

Aufmerksamkeit des Buben galt. Er hielt inne, deutete auf die Dose und fragte: „Magst auch eines? Hast Hunger?“ Der andere nickte. Der Onkel reichte ihm eine der Brothälften. „Käse hab' ich noch, passt das?“ Wieder ein Nicken. Kurz bevor beide nun beinahe synchron den ersten Bissen nahmen, besann sich der Bub auf ein „Danke“, auch ein kurzes Lächeln brachte er wiederum zustande. „Gerne“, gab der Onkel zurück.

Während sie so kauten, kam es ihm in den Sinn, dass er seinem Sitznachbarn ja auch genauso gut das Schinkenbrot hätte anbieten können. Wegen dem scharfen Kren darin, dachte er weiter, habe er dies wohl erst gar nicht in Betracht gezogen. Wo man doch weiß, dass Kinder es noch nicht so haben mit der Schärfe. Noch bevor dieser Gedanke im Hirn des Onkels vollständig Gestalt annehmen konnte, schalt er sich selbst der Heuchelei. Gestand sich ein, dass ihm schlichtweg selbst der Gusto gerade nach dem Schinken gestanden hatte und der Bub somit einfach das bekam, was übrig war. Über diese Erkenntnis musste er schmunzeln. Selbstreflexionen solcher Art bereiteten dem Onkel Franz Vergnügen, auch der zweite Imbiss trug zu seinem Wohlbefinden bei.

Gemütlich kauend betrachtete er den Jüngling und fragte: „Schmeckt's?“ Ein ausgiebiges Nicken war die Antwort und – nachdem der letzte Bissen des Brotes verzehrt war – ein freundliches „Danke, voll gut. Wo haben S' das denn bestellt? Ich mein', um die Zeit?“ Der Onkel verstand nicht. „Wieso bestellt? Meine Frau hat's mir gemacht heut' früh, bevor ich gefahren bin.“ – „Ach so“, erwiderte der Bub, „selber gmacht. Die Mama bestellt uns das Essen immer beim Lieferdienst. Weil s' keine Zeit hat zum Einkaufen und Kochen und so.“ Warum die Mutter keine Zeit hätte für derart Selbstverständliches, wollte der Onkel wissen und bekam ausgiebig Antwort. Der junge Mann war nämlich mittlerweile aufgetaut und legte – so scheu er am Anfang gewesen war – nun eine aufgeweckte Zutraulichkeit an den Tag. Zwanzig Stunden die Woche würde die

Mama arbeiten, im Supermarkt an der Kasse, da bliebe eben kaum Zeit. Und für zwei Personen Essen selbst zuzubereiten, wäre halt schon arg umständlich. Bei schmackofast.at gebe es ohnehin alles zu bestellen und mit der neuen App wäre es noch praktischer. Tolle Sache wäre das, er – der Onkel – müsse das auch unbedingt einmal ausprobieren.

„Schmackowas? Äpp wie?" Der Onkel Franz verstand weder, warum ein Zwanzig-Stunden-Job es unmöglich machen sollte, für sich und sein Kind zu kochen, noch was es mit diesen Essenslieferdiensten auf sich hatte. „Wo ruft man dann da an?", war seine nächste Frage. „Ach geh, anrufen doch nicht." Der Bub bedachte ihn mit einem nachsichtig-belustigten Blick. „Das macht alles die App, die ladest du dir runter und stellst sie ein, wie du's brauchst. Schau her." Er war zu einem allgemein gehaltenen Du übergegangen, nichts Ungewöhnliches am Land, auch bei dem hier doch massiven Altersunterschied nicht.

Er rieb sich die vom Käsebrot noch etwas fettigen Finger an der Hose trocken und aktivierte sein übergroßes Smartphone. Rief die besagte Seite auf und begann zu dozieren. „Einmal gescheit eingestellt, brauchst dich um nix mehr zu kümmern von wegen Essen und so. Also: Tägliche Lieferzeit, sagen wir neunzehn Uhr dreißig?" Fragender Seitenblick zum Onkel Franz. Der zuckte mit den Schultern, noch nicht wirklich verstehend, was ihm da vorgeführt wurde. „Okay, weiter. Speisenauswahl: Self Daily oder Random Style?" – „Wie?" Der Onkel war mehr als überfordert. „Na ja, Self Daily heißt, dass du dir täglich selber aussuchen musst, ob du Burger, Schnitzel, Asia, Kebab oder Pizza/Pasta magst, verstehst?" Wieder das nachsichtige Augenrollen. „Kostet aber Zeit und ist teurer. Beim Random entscheidet die App für dich und du lässt dich überraschen. Cool, oder? Und billiger ist's wie gesagt auch. So. Jetzt noch, wie willst zahlen: Cash oder Rechnung? Da nehmen wir Rechnung, weil das geht dann praktisch übers Handy, und das mit dem Bargeld gibt's eh nimmer lang."

In des Onkels doch sehr analogem Hirn verfestigte sich allmählich eine Ahnung von dem, was die Technik da vorschlug, und wie dieser Vorschlag hier anscheinend auf fruchtbaren Boden gefallen war. Vor seinem geistigen Auge formte sich ein Bild, das ihn schaudern ließ. Haushalte ohne Küche und Esstisch. Menschen, die, ohne einen Gedanken an die Art ihrer Ernährung zu verschwenden, auf der Fernsehcouch auf die Fütterungszeit warten. Kontakt mit dem Lieferanten, womöglich ein kurzes Gespräch fände wahrscheinlich auch nicht statt, da ansonsten das Essen kalt und die Effizienz der Auslieferung beeinträchtigt werden würde.

Er überlegte gerade, ob und wie er diese Bedenken seiner Reisebekanntschaft mitteilen sollte, als dessen Gerät einen Fanfarenton von sich gab. „Was ist jetzt? Ruft einer an?", wollte er wissen. Anrufe würden, wenn welche kämen, anders klingen, klärte ihn der Bub auf. Miteinander über das Telefon zu sprechen, erfuhr er weiter, wäre „old school", heutzutage schreibe man sich. Über soziale Netzwerke und Kurznachrichtendienste. Die würden sich auch durch spezielle akustische Signale bemerkbar machen, aber halt durch andere. Der eben gehörte Ton gehöre zu einer Paketverfolgungs-App. „Eine was?" Paketverfolgung. Seine vorhin bestellten Turnschuhe wären auf dem Weg. Würden jetzt gerade in China aufs Schiff verladen. Deutsche Marke, aber in China produziert und über Internethandel billiger. Um ganze zwölf Euro. Und versandkostenfrei. Hammer, oder? Dauere zwar lange, bis die Ware da sei, aber wenn man eh ständig was bestellt, falle das gar nicht mehr auf.

„Aha." Der Onkel versuchte das Gehörte zu verarbeiten, einzuordnen. „Aus China. Turnschuhe. Deutsche. Wegen zwölf Euro. Und dein Kastl da sagt dir, wo die gerade sind? Weil man das wissen muss?" Er schüttelte den Kopf. „Und da bestellst du dir oft was, das kannst du dir leisten? Verdienst so gut?" – „Nicht wirklich, als Lehrling. Einzelhandelskaufmann, verstehst. Aber mit der Ratenzahlung geht's schon." „Soso, Lehrling bist du also, Einzelhandel.

Und wo lernst jetzt genau?" – „Sportgeschäft in Burgheim, eh ganz cool. Und nach der Lehre kann ich wahrscheinlich bleiben, wenn's Geschäft wieder besser geht, sagt der Chef. Super, oder?"

Der Onkel hätte noch viele Fragen an den jungen Mann gehabt, jedoch der Zug fuhr gerade in den Bahnhof Wels ein und die gemeinsame Reise war nun hier zu Ende. Seinen Rucksack schulternd, verließ der Bub den Waggon und winkte draußen auf dem Bahnsteig noch einmal freundlich dem Onkel zu, bevor er sich zum Gehen wandte. Da fiel ihm auf, dass die zum Smartphone gehörigen Ohrstöpsel auf dem Sitz neben ihm liegen geblieben waren. Gerade noch sah er den jungen Burschen in der Unterführung verschwinden und beschloss kurzerhand, dass die im Fahrplan vermerkte Aufenthaltszeit von zehn Minuten ausreichen müsste, ihn noch einzuholen, um ihm sein zweifellos unentbehrliches Utensil zu übergeben.

Er stand auf und schnappte sich dasselbe, nahm aber nach kurzer Überlegung auch seine lederne Tasche an sich. Er mochte sie nicht unbeaufsichtigt im Abteil zurücklassen, da sich doch Ausweisdokumente und andere Unterlagen, den Zweck seiner Reise betreffend, darin befanden. Nachdem der Onkel aus dem Zug ausgestiegen war, ging er zur Unterführung und betrat die abwärts führenden Stufen. Unten angekommen, sah er am anderen Ende seinen Mitreisenden – er erkannte ihn am roten Rucksack – und verfiel, soweit es seine beschränkte Kondition zuließ, in einen gemäßigten Laufschritt.

Er rief „Hallo!" (dabei stellte er fest, dass er den Namen des Buben gar nicht wusste) und „Halt, dein äh, Dings!". Der Angerufene musste ihn wohl gehört haben, blieb stehen. Sofort drosselte der Onkel sein Tempo, was vor allem daran lag, dass er bereits völlig außer Atem war. Schnaufend ging er auf den Wartenden zu, die Hand mit dem Kopfhörer ausgestreckt. Setzte bereits an, zu sagen: „Schau her, dein ...", hielt aber inne, als er feststellte, dass der Jugendliche da vor ihm nicht der war, für den er ihn wegen des gleichfarbigen

Rucksacks gehalten hatte. Ein völlig anderes Gesicht schaute ihn erwartungsvoll an. Dem Onkel blieben weder Zeit noch Atem, sich zu erklären. Abwinkend und mit dem Kopf schüttelnd, ging er an ihm vorbei und erklomm die Stufen zur Bahnhofshalle. Blickte um sich, in alle Richtungen, zum Ausgang. Keine Spur vom Buben.

Dafür erklang aus den Lautsprechern professionell und freundlich die Stimme von Chris Lohner, welche kundtat, dass der Regionalexpress 1777 nun im Begriff wäre, den Bahnsteig 3 in Richtung Linz zu verlassen. Auweh, dachte der Onkel Franz, jetzt pressiert's! Also in der ihm schnellstmöglichen Gangart nach unten und durch die Unterführung zurück zu besagtem Gleis. Als der Onkel nach Luft schnappend die nach oben führenden Stufen erklommen hatte, stellte er fest, dass Frau Lohner die Wahrheit gesprochen hatte. Gerade eben rollte der letzte Waggon des Zuges, in dem er eigentlich hätte sitzen sollen, an ihm vorbei.

3

Da stand er nun also, der Onkel Franz, und war verärgert und dankbar zugleich. Verärgert, weil die aufgezwungene Reise schon zu Beginn derartige Schwierigkeiten bereithielt. Und dankbar, weil er – vielleicht einer Intuition folgend – nicht nur die Tasche nebst wichtigem Inhalt an sich genommen, sondern vorm Verlassen des Regionalzuges auch den geliebten Cordhut aufgesetzt hatte. Wohl war es aber doch eher reine Gewohnheit denn Intention, welche dafür gesorgt hatte, dass er nun nicht barhäuptig am leeren Gleis stand. Der Onkel ging nämlich nie ohne Kopfbedeckung aus dem Haus. In der aktuellen Problematik war der Hut an sich nun zwar nicht hilfreich, dennoch trug die Tatsache, nichts im Abteil zurückgelassen zu haben, zu einem gewissen Optimismus bei.

Wird ja wohl noch andere Züge geben, dachte er, und begab sich zurück in die Bahnhofshalle. Dort angekommen, ließ er seinen Blick schweifen, bis er das blauweiße Schild mit dem i für Information entdeckt hatte. Ging darauf zu und beglückwünschte sich insgeheim, dass – obwohl viele Reisende die Halle bevölkerten – niemand am Schalter der Auskunft stand. Dem Onkel war nämlich schon klar, dass der Anschlusszug in Linz nicht auf ihn warten, der Faktor Zeit somit nun eine nicht unbedeutende Rolle spielen würde.

Der Bahnbeamte hinter der Glasscheibe mit der komischen, ovalen Sprechöffnung schien ihn erst gar nicht wahrzunehmen. Der Onkel Franz musste sich mehrmals künstlich räuspern, bis er aufsah. Wortlos musterte er die zu befördernde Person. Der über die randlose Brille auf den Onkel gerichtete Blick nebst leicht hochgezogenen Augenbrauen war wohl als Frage, womit man denn zu Diensten sein könne, zu verstehen. Na gut, dachte sich der Onkel Franz, muss ja nicht gleich in eine Unterhaltung ausarten, und trug sein Anliegen vor. „Den nächsten Zug auf Linz, bitte. Sodass ich den um acht Uhr vierzehn auf Wien noch erwisch'. Sein S' so gut."

Beim Wörtchen „auf" ereilte ihn ein Déjà-vu. Denn unter anderem diese drei Buchstaben waren es, die schon zu Hause die Konversation am Schalter in nicht unbedingt freundschaftliche Bahnen gelenkt hatten. Dazu kam die Tatsache, dass der Beamte da vor ihm besagtem Kollegen erstaunlich ähnlich sah. Ob's die Uniform war, die Brille oder der graue Schnauzer, wahrscheinlich alles zusammen. Auf jeden Fall hätten die beiden Zwillinge sein können. Oder vielleicht haben s' bei der Bahn ja auch nur ein Modell, wer weiß? In diese Gedanken des Onkels hinein antwortete der bis dahin stumme ÖBB-Mann. „Auf Linz, soso", nachsichtig-herablassendes Augenrollen, „und am besten gleich, gell?" Ohne Zweifel Zwillinge. „Dann schaun wir mal." Er starrte gefühlte fünf Minuten auf seinen Monitor. „Na, da haben S' aber Glück. Regionalexpress 1693 um sieben Uhr neununddreißig von Bahnsteig eins, Ankunft Linz um sieben Uhr neunundfünfzig, geht sich aus. Fahrkarte?"

Dem Onkel Franz war nicht ganz klar, worauf sich dieses letzte Wort bezogen haben mochte. Ob er eine Fahrkarte nach Linz kaufen oder ob die Amtsperson sein Ticket – er hatte ja bereits ein bis Wien gültiges in der Tasche – sehen wollte. Da er aber nicht die geringste Lust verspürte, mit dem Zwilling in einen Diskurs darüber einzutreten, der womöglich die Frage beinhalten würde, wie es dazu kommen konnte, dass ihm sein ursprünglicher Zug vor der Nase davongefahren war, beschloss er es zu ignorieren. Wohl drängte auch die Zeit, sodass er lediglich antwortete. „Sehr gut, sieben Uhr neununddreißig. Und wie spät haben wir's jetzt?" Der Bahnbeamte schenkte ihm einen gelangweilt-herablassenden Blick, der von einem hörbaren Ausatmen begleitet wurde. „WIR haben zwar überall große Uhren aufgehängt, aber natürlich sage ich Ihnen gerne …" An dieser Stelle wurde er von Frau Lohner unterbrochen, die über die ebenfalls überall aufgehängten Lautsprecher verkündete: „Regionalexpress 1693 nach Linz fährt soeben von Gleis eins ab."

Während die in ganz Österreich bekannte und beliebte Stimme noch verschiedene Anschlussinformationen bekannt gab und die werten Reisenden bat, ihre Gepäckstücke nicht unbeaufsichtigt zu lassen, setzte der Zwilling seinen Satz fort. „... sage ich Ihnen gerne, dass es jetzt genau sieben Uhr einundvierzig ist. Da haben S' jetzt ein bisserl zu viel getrödelt, gell?"

Den Onkel Franz aus der Ruhe zu bringen gelingt nicht so leicht. Sein an sich gemütliches und gelassenes Wesen lässt ihn selten ärgerlich oder gar aufbrausend werden. Nur hier in der ungeliebten Rolle des Reisenden und konfrontiert mit sonst nicht gewohntem Zeitdruck war er drauf und dran, eine saftige Entgegnung zu formulieren. Dazu kam es aber nicht. Denn ein Passant, der bereits des Längeren vor der neben dem Informationsschalter gelegenen Trafik gestanden war, trat nun zwischen die beiden.

Der Mann war eine imposante und zugleich seltsame Erscheinung. Groß und beleibt und das Gesicht von unbändigem, dunklem Haar- und Bartwuchs umrahmt. Ein rotes T-Shirt unter der Jeans-Latzhose, darüber eine grobe Strickjacke. Die zur Faust geballte rechte Hand erhoben, grüßte er den ÖBB-Mann mit einem launigen „Freundschaft, Genosse!". Diesem blieb zunächst der Mund offen stehen, wohl wegen des heutzutage ungewohnten, aber früher in Eisenbahnerkreisen nicht unüblichen sozialistischen Grußes. Während der Bärtige seine Beschäftigung – das Anfertigen einer selbstgedrehten Zigarette –, die er beim Heben der Faust kurz unterbrochen hatte, wieder aufnahm, verkündete er: „Unter Arbeitskraft oder Arbeitsvermögen verstehen wir den Inbegriff der physischen und geistigen Fähigkeiten, die in der Leiblichkeit, der lebendigen Persönlichkeit eines Menschen existieren und die er in Bewegung setzt, sooft er Gebrauchswerte irgendeiner Art produziert!" – „Wie bitte?" – „Karl Marx. Nie gehört? Merkt man. Aber ist eh wurscht. Niemand ist so taub, als wer nicht hören will. Hat er auch gesagt." Dabei zündete er sich die nun fertige Zigarette an.

„Sie!", der Bahnbeamte hatte sich wieder etwas gefasst, „hier ist Rauchverbot!" Er deutete auf einen dementsprechenden Aufkleber. „Aha?" Der große Mann paffte ungerührt weiter. „Ja danke, das ist jetzt einmal eine wichtige Auskunft. Aber mit der erwischt man halt seinen Zug nicht. Wie auch immer, Genosse, wir bedanken uns für den freundlichen Service und empfehlen uns." Er deutete eine Verbeugung an und nahm den ebenso verblüfften wie belustigten Onkel am Arm und zog ihn mit sich. „Sie kommen jetzt mit mir", raunte er ihm dabei zu, „ich fahr' nach Linz, den Zug dort kriegen wir noch."

Aus irgendeinem Grund ließ der Onkel dies alles mit sich geschehen. Fremden gegenüber war er ansonsten eher auf Distanz bedacht und abwartend misstrauisch. Hier verhielt es sich anders. Der Bärtige gefiel ihm und das Angebot, auf anscheinend schnellstem Wege nach Linz befördert zu werden, nahm er gerne an. Aber vor allem hatte ihn die Art, wie der andere den Bahnbeamten an seinen beruflichen Daseinszweck erinnert hatte, beeindruckt. Und so ging er nun – den Hut auf dem Kopf und die Ledertasche in der Hand – an der Seite seiner neuen Bekanntschaft auf dessen Gefährt zu.

Dieses parkte ähnlich wie schon neulich des Onkels Moped unvorschriftsmäßig direkt vorm Eingang zur Bahnhofshalle. Es handelte sich dabei um einen VW-Typ-2-Transporter, auch Bulli genannt. Bis zum Jahr 1979 wurde das Fahrzeug mit der Bezeichnung T2 in der aus des Onkels Sicht gefälligeren, abgerundeten Form hergestellt. Der danach produzierte T3 fiel bereits eckiger aus und war auch nicht mehr in der schicken Zweifarbenlackierung seines Vorgängers erhältlich. Jenes Exemplar, auf das die beiden nun zugingen, war bis zu den Fenstern weinrot lackiert, Dach und Stege darüber weiß. Dieses Weiß zog sich zu einer Spitze verjüngend auch über die Front nach unten und verlieh dem Bulli zusammen mit dem großen VW-Emblem und den runden Scheinwerfern ein lustiges Gesicht. Auch über eine Dachreling verfügte das gute Stück. Das mit allerlei Schnüren und Expandern daran festgezurrte Gepäck auf dem Dach des Busses erweckte den Eindruck, sein Besitzer befände sich auf einer Weltreise.

Der große Mann hielt dem Onkel Franz die Beifahrertür auf und bat ihn mit einer ausladenden Handbewegung, einzusteigen. Schloss die Tür hinter ihm, um daraufhin um den Bus herumzugehen, wo er sich unter Ächzen und Schnaufen auf den Fahrersitz begab. Wenn der Onkel bequem Platz fand auf der rechten Seite, für den Mann neben ihm schien das Gefährt etwas zu klein geraten. Mit seltsamen Drehbewegungen des Gesäßes und der Schultern schraubte er sich gleichsam in die richtige Sitzposition hinter dem Lenkrad. Nachdem der Motor gestartet worden war und sich der VW-Bus in den Verkehr eingereiht hatte, sah sich der Onkel im Inneren um.

Vor ihm befand sich das Armaturenbrett, welches eigentlich nur aus in der Wagenfarbe lackiertem Blech bestand. Über seinen Knien gab es ein längliches Fach, in dem sich neben verschiedenen Büchern und Zeitschriften auch ein Kassettenradio befand. Darüber ein Haltegriff, den der Onkel vor allem in den Kurven gerne in Anspruch nahm. Auf der Rückbank lagen allerlei gefüllte Tragetaschen und ein Pappkoffer. Im Laderaum – hier war wohl eine weitere Sitzreihe ausgebaut worden – stapelten sich Kisten und Schachteln. Einige davon waren offen und gaben so den Blick auf den Inhalt frei. Kartoffeln waren da zu sehen, Karotten, rote Rüben und Kohlrabi. Aus dem Radio klang blechern die Stimme von Bob Dylan.

„Albert Marx heiß' ich, aber nenn mich Charly. Machen alle. Wegen dem Bart und so." – „Im Ernst?" Der Onkel sah seinen Chauffeur zweifelnd von der Seite an. „Ja wirklich, ich kann auch nichts dafür. Und wie ist dein werter Name?“ Somit war in diese Frage auch jene inkludiert, ob man sich nicht duzen wolle. „Ich bin der Franz. Angenehm.“ Es war dem Onkel tatsächlich angenehm, trotz der seltsamen Erscheinung ging von dem Mann neben ihm eine beruhigende Vertrauenswürdigkeit und Solidität aus. Was man allerdings von seinem Fahrstil nicht behaupten konnte. Erst als die Innenstadt von Wels hinter ihnen lag und man auf gerader Autostraße angekommen war, ließ der Onkel den Haltegriff vor sich wieder los. „Nach Wien geht's also, Herr Franz, in die Hauptstadt. Vergnügungsreise?“

Der Onkel war an sich vom Naturell her nicht besonders auskunftsfreudig. Der Mann mit dem geschichtsträchtigen Namen war ihm jedoch bereits jetzt nach kurzer Zeit schon sympathisch. So erzählte er vom Brief des Anwalts und dem Zweck seiner Reise. Und von der Tatsache, dass er dem Reisen an sich in keiner Weise so etwas wie Vergnügen abgewinnen könne.

„Obst und Gemüse.“ Herr Marx schien erraten zu haben, welche Frage nun dem Passagier seinerseits auf der Zunge lag. „Bio, aus eigenem Anbau. Und jetzt bin ich auf dem Weg zum Linzer Südbahnhofmarkt, da geht was.“ Auf Nachfragen erfuhr der Onkel Näheres über die Geschäftstätigkeit seines Wegbegleiters. Einen kleinen Biohof auf dem Land würde er zusammen mit seiner Frau, Lehrerin an einer Landwirtschaftsschule, betreiben. Auch er wäre dort teilzeitbeschäftigt, obwohl er aus ganz anderer Profession käme, aber dazu vielleicht später. Und wenn man vom Handel mit der Bioware leben wolle, müsse man eben weitum die Märkte bespielen. Deshalb sei er relativ weit vom Hof entfernt unterwegs, und nun wäre eben Linz dran. „Und am Welser Bahnhof war ich nur, weil die Trafik dort meinen bevorzugten Tabak führt. Hatte dort schon öfter die Gelegenheit, den Genossen von der Zugauskunft beim Amtshandeln zu erleben. Na ja, und diesmal war mir halt danach, ihn ein bisserl zu sekkieren. Ich hoff', dich hat das nicht gestört.“

Der letzte Satz wurde ohne Fragezeichen ausgesprochen, dennoch antwortete der Onkel Franz. „I wo! War schön, zuzuhören. Aber was mich interessiert: Jetzt heißt du (hiermit nahm er das Du-Wort-Angebot von vorhin an) nicht nur Marx, zitieren tust du ihn auch. Hab' ich es jetzt also mit einem waschechten Kommunisten zu tun? Ist mir nämlich schon lang keiner mehr untergekommen." – „Wie man's nimmt." Charly Marx strich sich durch den Bart, „Parteimitglied war ich mal, jetzt nimmer. Weil in der KPÖ findest eh kaum noch einen echten Kommunisten. Aber sonst könnte man schon sagen, dass ich die Seiten gewechselt habe." Der Onkel war etwas verwirrt. „Wie jetzt, die Seiten gewechselt? Hast vorher eine Glatze gehabt und alte Fahnen geschwungen? Kann ich mir nicht vorstellen." Marx sah ihn mit gespielter Entrüstung an. „Spinnst du? Obwohl, die Frisur war wirklich anders, damals. Investment-Banker war ich, und zwar einer der erfolgreichsten des Landes. Leider."

Der große Mann mit dem berühmten Nachnamen schaute seinen Passagier mit einem betrübten Blick an, fast so, als wollte er um Verzeihung bitten. „Ich war jung und glaubte das Geld zu brauchen. Dicke Autos, feine Anzüge und eine Dachterrassenwohnung am Wiener Kohlmarkt. Wein, Weib und Gesang, wenn du mich verstehst." – „Aha", der Onkel versuchte sich vorzustellen, wie seine neue Reisebekanntschaft damals wohl ausgesehen haben musste, „und wie ist es dann zum Sinneswandel gekommen?" Marx wurde ernst. Der leicht scherzhafte Unterton, mit dem er bis dahin erzählt hatte, verschwand aus seiner Stimme. „Hab' da so einen Millionendeal eingefädelt für meine Firma. Immobilien, Hypothekarkredite, Rentenfonds. Das volle Programm. Hat uns den Arsch vergoldet und mich zum Seniorpartner gemacht. Ich war ganz oben angekommen. Wir haben wochenlang gefeiert. Und dann hat meine Oma angerufen."

Mittlerweile war der VW-Bus zum Stillstand gekommen. Stau auf der B1. Marx begann sich eine Zigarette zu drehen. Auch wenn der

Onkel Franz die Antwort schon ahnte, er stellte die Frage trotzdem. „Und was hat sie gesagt, die Oma?" – „Ob ich ihr nicht helfen könnte, hat sie gefragt. Wo ich doch für die Bank arbeiten würde, bei der sie ihr Erspartes angelegt hat. Das wär' jetzt nämlich alles weg, genauso wie die Zusatzrentenversicherung. Die hätten geschrieben, dass man aufgrund der aktuellen Marktentwicklung nicht mehr in gewohnter Höhe auszahlen könne. Kaum noch ein Viertel davon gäbe es ab nun, für mehr hätte man aber auch nicht garantiert. Ach ja, und ihr kleines Haus würde demnächst gepfändet. Es sei denn, sie könne die restfällig gestellte Summe der Hypothek auf einmal bezahlen. Konnte sie nicht."

„Und warum macht die Bank so was?" Auch hier konnte der Onkel sich in etwa denken, wie die Antwort lauten würde. Er hatte aber das Gefühl, dass von ihm erwartet würde, nachzufragen – als müsse er Marx die Beichte abnehmen. Der große Mann hatte womöglich des Längeren nicht mehr darüber gesprochen und es war ihm augenscheinlich ein Bedürfnis, es wieder einmal zu tun. „Da musste ich nun nicht lange recherchieren. Was meiner Oma passiert ist, war die direkte Auswirkung meines Erfolges. Genau darauf basierte mein Geschäftsmodell, das der Firma und mir enorme Gewinne brachte. Hab' mir halt vorher nie Gedanken darüber gemacht, woher die ganze Kohle kommt. Schön naiv, was?"

Der Stau begann sich aufzulösen. Ging in zähfließenden Verkehr über, nur um kurz darauf wieder zu stocken. Marx rauchte bei offenem Fenster und setzte seinen Bericht fort. „Das hat mir dann die Augen geöffnet. Hab' alles hingeschmissen. Ohne Rücksicht auf Verluste. Und die waren hoch. Hab' gemerkt, dass mir von meinem ganzen Luxus kaum etwas gehört hat. Auto, Wohnung, Firmenanteile. Fast alles weg durch meinen fristlosen Abgang. Und dass ich in der Branche keinen Job mehr bekomme, dafür haben die auch gesorgt. Egal. Mit dem, was ich retten konnte, war es mir zumindest möglich, der Oma das Haus zu erhalten."

An dieser Stelle seiner Beichte angelangt, atmete Albert Marx, genannt Charly, hörbar aus und straffte sich. Fand wieder zu seiner vorherigen, launigen Art zurück und sah den Onkel lächelnd an. Der Blick sagte dennoch: „Danke, dass du dir das angehört hast." Laut sagte er: „Für mich die beste Entscheidung in meinem Leben. Kurz darauf habe ich meine Frau kennengelernt, einen kleinen Hof gepachtet und bin zum Bauern geworden. Das wirft genug für uns beide ab und die Oma kann ich auch ein bisserl unterstützen. Was will man mehr?"

*

Bei Marchtrenk, der Stau wollte sich nicht und nicht auflösen, beschloss Herr Marx, auf Nebenstraßen auszuweichen. Nur so bestünde noch eine Chance, des Onkels Anschlusszug in Linz zu erwischen. Über Pasching und Leonding sollte man zügig vorankommen. „Respekt", unterbrach der Onkel Franz das längere Schweigen, welches nach dem Verlassen der B1 eingetreten war, „das nenn' ich konsequent. Gehört eine ordentliche Portion Mut dazu, für so einen Umstieg. Und ist's Leben jetzt besser?" Blöde Frage eigentlich, dachte er sich noch, während er sie stellte. Aber der Onkel wollte halt noch ein bisserl mehr hören. Wann hat man schon Gelegenheit, Einblick in eine derart radikale Änderung eines Lebenskonzeptes zu bekommen.

Der Onkel Franz selbst war schon immer einem genügsamen, einfachen Weg gefolgt und fühlte sich nach wie vor wohl dabei. Hatte alles, was man braucht zum Leben. Gottlob eine stabile Gesundheit als Grundvoraussetzung und dazu immer reichlich Geld. Was nicht bedeutet, dass er viel Geld hat, der Onkel. Es handelt sich vielmehr um eine sehr überschaubare Summe, die ihm und seiner Frau monatlich zur Verfügung steht. Da damit aber bis jetzt immer alle seiner Meinung nach erforderlichen Ausgaben abzudecken waren, pflegte er von jeher die bescheidene Rente als reichlich zu bezeichnen.

„Ob's jetzt besser ist?", antwortete der Biobauer in des Onkels Gedanken hinein. „Ja hundertmal. ‚Lieber ein kleiner Herr als ein großer Knecht', lautet da der Wahlspruch. Ausnahmsweise nicht von Karl Marx. Und ein Gewissen kann ich mir jetzt auch wieder leisten. Das haben wir ja damals mit allerhand Substanzen betäubt. Obwohl, ein bisserl Selbstangebautes gönn' ich mir schon noch ab und zu. Aber alles bio!" Dabei grinste er wie ein Schuljunge.

„Wenn du über das Thema nichts mehr hören willst – ich könnt's verstehen –, dann sag's. Aber wenn ich jetzt schon einen ehemaligen Fachmann vor mir habe", der Onkel Franz machte eine kleine Pause und fuhr nach einer aufmunternden Kopfbewegung von Marx fort, „dieses Wirtschaftswachstum. Sag, wie genau geht jetzt das mit dem Wachstum und dass es scheinbar nie aufhört?"

Nach einem längeren Blick in die Ferne, begleitet von bedächtigem Hin- und Herwiegen des großen Kopfes, begann der Mann auf dem Fahrersitz folgenden Monolog: „Das musst du dir vorstellen wie's DKT. Monopoly, sagen die Deutschen. Da gibt 's in dieser Schachtel eine gewisse Menge Geld, Häuser und Straßen. Am Anfang wird das gleichmäßig aufgeteilt und dann wird gespielt. Eine knappe Stunde später hat dann aber immer einer fast alles und die anderen fast nichts mehr. Jetzt wär' normal das Spiel aus und es gehörte neu verteilt. Was aber dem Reichen nicht gefällt, weil er reich bleiben möchte. Also hat er eine super Idee und sagt: ‚Ich leih' euch was. Unterschreibt mir halt einen Schuldschein, dann können wir weiterspielen!' Jetzt dauert es aber dann nur noch eine viertel Stunde, bis er wieder alles hat. Weil ihm ja alle Straßen und Häusln eh schon gehören. Und das geht dann drei-, viermal so."

Und dieses Spiel könne man jetzt so oft machen, wie man wolle. Am Ende, wenn die Schachtel wieder zugemacht und auf den Schrank hinaufgestellt würde, was wäre dann drinnen? Eben. Genauso viel Geld wie am Anfang und genauso viel Häuserl und Straßen wie davor. Plus einem Haufen Schuldscheine, wertlose Papierfetzen, für die es nie einen Gegenwert gegeben habe. „So, und das ist Wachstum, klar?" – „Leuchtet ein", meinte der Onkel Franz, nachdem er sich mit dem Zeigefinger ein paar Mal auf die Nasenspitze getippt hatte, „und was ist dann die Finanzkrise?" Albert Marx strich sich – scheinbar um die Spannung zu steigern – mehrmals durch den Bart und gab dem Onkel auch darauf eine schlüssige Antwort: „Na ja, das ist dann, wenn auch nur einer probiert, für die wertlosen Papierln ein echtes Geld zu kriegen. Dann brennt der Hut!"

„Interessant", der Onkel ordnete das Gehörte ein in sein Bild, das er sich, ohne echten Einblick in die Finanzwelt gehabt zu haben, bereits selbst gemacht hatte, „das heißt aber dann, dass es einen Großteil des umlaufenden Geldes gar nicht gibt, oder?" – „Richtig", lobte Marx seinen Schüler, „hier fließen Unsummen an Unternehmensgewinnen auf die Offshore-Konten der Anleger. Aber halt nur in Bits und Bytes. Da wird nicht wirklich echtes Geld mit dem Flugzeug herumgeflogen. Somit hast du recht, real existieren tut diese Kohle in keiner Weise. Früher musste das in Umlauf befindliche Geld mit dementsprechenden Gold- und Devisenreserven gedeckt sein, aber davon hat man sich längst verabschiedet. Heute wird eine wie auch immer berechnete Wirtschaftsleistung herangezogen. Womit wir wieder beim Monopoly wären."

*

Wenn die beiden während ihrer angeregten Unterhaltung ganz den Zweck der Fahrt und den damit verbundenen Zeitdruck vergessen hatten, nun rückte dies wieder in den Fokus. „Neun nach acht, das wird arschknapp!" Charly Marx gab Gas. Sie hatten Leonding hinter sich gelassen und befanden sich bereits auf Linzer Stadtgebiet. Die Siedlungsräume gingen beinahe nahtlos ineinander über. Marx war ortskundig. „Jetzt noch rechts in die Ziegeleistraße, dann sind wir gleich da. Halt dich fest!" Der VW-Bus schlingerte bedenklich in die Kurve. Um viertel nach acht kam er mit quietschenden Reifen vorm Bahnhof zum Stehen.

Der Onkel löste langsam eine seiner beiden Hände vom Haltegriff, um seinen Hut, der bei der Vollbremsung nach vorne gerutscht war, wieder in die gewohnte Position zu schieben. Als müsste er sich erst vergewissern, ob der Wagen tatsächlich zum Stillstand gekommen war, sah er sich um und nahm nun auch die zweite Hand vom Griff. „Franz, ich bin untröstlich", der Bärtige griff sich an die Brust, „wir sind zu spät. Auch wenn du jetzt rennst wie ein Wiesel, deinen Zug kriegst du nicht mehr. Kannst du mir verzeihen?" – „Ach Blödsinn", der Onkel griff nach seiner Tasche, „die werden doch noch andere Züge auf Wien haben, oder? Außerdem war es mir ein Vergnügen, dich kennengelernt zu haben, war sehr interessant. Wenn auch auf den letzten Metern etwas zum Fürchten." Beide lachten, während sie ausstiegen. Wenn sie auch auf den ersten Blick unterschiedlicher nicht sein konnten, hier waren sich zwei Männer begegnet, die vieles verband.

Marx öffnete den Laderaum, verschwand halb darin und kramte in seinen Kisten herum. Als er wieder zum Vorschein kam, hielt er einen braunen Papiersack in Händen. Er überreichte ihn dem Onkel mit großer Geste. „Äpfel vom Karl-Marx-Hof, beste Qualität. Und auf dem Sackerl stehen Adresse und Telefonnummer. Wenn du deine Geschichten in Wien erledigt hast, würde ich mich freuen, von dir zu hören. Vielleicht besuchst du uns ja mal?" Wenn der Onkel Franz auch alles andere als gerne von zu Hause wegfuhr – die aktuelle Reise ging ihm ja schon gegen den Strich –, solch einen Ausflug konnte er sich vorstellen. Er versprach, sich zu melden und bedankte sich für Äpfel und Beförderung. Die beiden Männer schüttelten sich zum Abschied ausgiebig die Hände. Albert Marx, genannt Charly, winkte dem Onkel noch nach, während dieser in der Bahnhofshalle verschwand.

4

Drinnen angelangt, blickte sich der Onkel Franz um. Größer war er, der Linzer Bahnhof, als der in Wels. Aber dennoch glichen sich die beiden Orte, strahlten dieselbe hektische und unpersönliche Atmosphäre aus. Den Informationsschalter ließ der Onkel links liegen, er hatte keine Lust, eine weitere Unterhaltung dieser Art zu führen. Ich werde wohl in der Lage sein, mir selber den nächsten Zug herauszusuchen, dachte er. So schwer kann das ja nicht sein.

Tatsächlich fand er schnell einen Aushang mit ausführlicher Auflistung aller Verbindungen. Der Onkel ging systematisch vor. Er stellte seine Tasche auf den Boden, allerdings fest eingezwickt zwischen seine Beine. Die Warnung von Frau Lohner klang noch in seinen Ohren. Ein Blick auf die Bahnhofsuhr verriet ihm die aktuelle Zeit. Acht Uhr vierundzwanzig. Dann griff er in die Innentasche seiner Jacke und förderte das Etui mit der Lesebrille zutage. Nachdem er diese umständlich aufgesetzt hatte, begann er sich zuerst in der Spalte der Abfahrtszeiten zu orientieren. Beim versäumten Zug beginnend, wanderte er mit dem Zeigefinger chronologisch nach unten und behielt dabei die Spalte mit den Zielorten im Auge. Schnell wurde er fündig. Ein Zug mit der Bezeichnung RJ545, Linz ab acht Uhr dreißig, Wien Hbf an zehn Uhr fünf, Bahnsteig 10AC. Er war stolz auf sich. Es hatte sich also herausgestellt, dass er leicht auf die unwilligen Herren Beamten von der Auskunft verzichten, er ohne Weiteres seine Verbindung selbst herausfinden konnte.

Wenn auch mancher darin nun keine echte Leistung erkennen mag, für den Onkel war es ein kleiner Triumph. Den er allerdings nicht lange auskosten konnte, schon wieder drängte die Zeit! Doch um es gleich vorwegzunehmen, diesen Zug sollte er kriegen. Der Weg zum Bahnsteig 10AC wurde gefunden und dieser in halbwegs flottem Schritt auch rechtzeitig erreicht. Gerade noch. Kaum war der Onkel in den Zug eingestiegen – nicht ohne auf der Anzeige Nummer und Zielbahnhof zu überprüfen –, setzte der sich auch schon in Bewegung. Sich mit der freien Hand festhaltend, betrat der Onkel das nächstgelegene Abteil. Grüßte den einzigen darin befindlichen Reisenden mit einem Kopfnicken und ließ sich erleichtert in den freien Sitz am Fenster fallen.

Nachdem sich des Onkels Herzschlag wieder seinem normalen Rhythmus angenähert hatte – er war doch für seine Verhältnisse beinahe gerannt –, blickte er sich im Abteil um. Im Vergleich zum Regionalexpress war die Ausstattung fast luxuriös. Er glaubte schon, sich in die erste Klasse verirrt zu haben, die große Zwei auf der Glasschiebetür zerstreute jedoch diese Befürchtung. Nun, da dies alles geklärt war – er saß also im richtigen Zug in der richtigen Klasse –, nahm er sich die Muße, seinen Mitreisenden einer näheren Betrachtung zu unterziehen. Um das einigermaßen diskret zu gestalten, holte er seine Zeitung aus der Tasche. Faltete sie auf, um beim Lesen und Umblättern gelegentlich über den Zeitungsrand hinweg einen Blick auf sein Gegenüber zu richten.

Der Mann war ziemlich dünn und sein Alter schwer zu schätzen. Das kindliche Gesicht gab ihm ein sehr junges Aussehen, die zu weite Cordhose und das braun karierte Hemd sowie die altmodische Hornbrille wirkten gegenteilig. Auch das schüttere, strähnige Haar ließ ihn älter erscheinen. Auf dem Klapptisch vor ihm befand sich ein Tablet-Computer nebst Tastatur, dem seine ganze Aufmerksamkeit galt. Nur ab und zu schaute er auf in des Onkels Richtung. Dieser versuchte dann möglichst beiläufig den Blick des anderen zu erwidern, wenn er dabei bei seiner Beobachtung ertappt wurde.

*

Etwa eine viertel Stunde nachdem der Zug Linz hinter sich gelassen hatte, kurz vor St. Valentin, kam der Schaffner, um die Fahrkarten zu kontrollieren. Sagt man heute überhaupt noch Schaffner? Diese Frage stellte sich der Onkel Franz gerade, als er sein Ticket vorzeigte. Zugbegleiter wahrscheinlich oder Bahnservicekraft, wer weiß. Gott sei Dank war des Onkels Fahrkarte auch für diese, ursprünglich nicht geplante Verbindung gültig, so sicher war er sich darüber nicht gewesen. Zumindest wurde sie kommentarlos vom Kontrollorgan akzeptiert, bevor es sich dem anderen zu Befördernden zuwandte. Der hielt ihm anstatt eines Fahrscheines eine kleine Plastikkarte in den Farben der österreichischen Flagge entgegen. Dabei sah er den ÖBB-Mann mit einem Blick an, den man am ehesten noch als herablassend-triumphierend deuten konnte. Der Beamte war auch mit diesem Berechtigungsnachweis zufrieden und verließ mit einem gemurmelten Gruß das Abteil.

Als sich der Onkel daraufhin wieder seiner Zeitung zuwenden wollte, bemerkte er, dass sein Gegenüber die rotweißrote Karte noch immer hochhielt, diesmal in seine Richtung. „ÖBB Österreich-Card", verkündete er, „1.784 Euro im Jahr, ich zahl' natürlich weit weniger. Damit fahre ich gratis. Wann und wohin ich will." Seine Stimme war leise und dennoch schrill im Ton. Seltsamer Kerl. „Praktisch", sagte der Onkel, der meinte, irgendetwas erwidern zu müssen. „Ja, ja, praktisch. Vor allem, weil mit der nicht erfasst wird, welche Fahrten ich unternehme." – „Wie bitte?" – „Na ja", der dünne Mann beugte sich leicht vor, seine Stimme senkte sich noch etwas mehr, „mit Ihrer Fahrkarte, da wissen die ja genau, wann Sie wohin gefahren sind, da ist das dann im System, verstehen Sie?" – „Die?" Auf diese kurze Gegenfrage des Onkels schüttelte der Dünne nur nachsichtig den Kopf. Wandte sich daraufhin wieder seiner Tastatur zu und begann – nach einem übertrieben nachdenklichen Blick an die Decke des Abteils – darauf einzuhämmern.

Den Onkel nahm er augenscheinlich nicht mehr wahr. Was ihn auch nicht im Geringsten störte, im Gegenteil. Sein neuer Mitreisender war wohl gelinde gesagt etwas eigenartig und der Onkel Franz war noch nie gut im Umgang mit solchen Leuten gewesen. Er wusste einfach nicht, wie man auf derartiges Verhalten reagieren sollte. Gar nicht? Also schlichtweg ignorieren? Oder gespielt verständnisvoll? Dazu hatte er wiederum keine Lust, sah es nicht als seine Aufgabe an. Somit war es ihm wie gesagt ganz recht, die Aufmerksamkeit seines Gegenübers verloren zu haben. Er verschanzte sich wieder hinter seiner Zeitung. Doch der Friede sollte nicht allzu lange währen.

„Die ist natürlich immer draußen, während ich schreibe." Der Onkel senkte die Zeitung, um zu überprüfen, ob der Satz an ihn gerichtet war. War er – an wen auch sonst? Der andere hatte aus der Brusttasche seines Hemdes ein kleines, eckiges Blättchen zutage gefördert und hielt es zwischen Daumen und Zeigefinger hoch. „Wenn ich mit meinem Blog fertig bin, kommt sie rein", er steckte die SIM-Card in die dafür vorgesehene Öffnung an der Seite seines Gerätes, „und dann erst lade ich ihn ins Netz." Mit einer ausholenden Bewegung des Zeigefingers betätigte er die wahrscheinlich dafür zuständige Taste. „Zack! Und schon drin. Weltweit." Dem Onkel war klar, dass der andere keine Ruhe geben würde, bevor er sich mitgeteilt hätte. Um die Sache abzukürzen, stellte er die von ihm erwartete Frage. „Was schreiben S' denn so?" Und lag damit genau richtig.

Der Dünne rutschte auf seinem Sitz etwas nach vor und bedeutete dem Onkel Franz mit einer lockenden Bewegung des Zeigefingers, es ihm gleichzutun. Dem war allerdings nicht danach, das Zur-Seite-Legen der Zeitung und ein gespielt aufmerksamer Gesichtsausdruck mussten reichen. Und das tat es auch. Nachdem sein Abteilnachbar die SIM-Karte wieder aus dem Gerät genommen und demonstrativ in die Brusttasche seines Hemdes hatte zurückgleiten lassen, nicht ohne auch noch je einen kontrollierenden Blick erst zur

Tür, dann zum Fenster (als wäre von dort ein Lauschangriff zu befürchten) zu werfen, begann er mit seiner Antwort. Die länger ausfiel, als der Onkel gehofft hatte.

„Das Internet ist ein Segen", seine Stimme senkte sich verschwörerisch, „es gibt uns, dem intelligenten Schwarm, eine Stimme. Und unter meinem Nickname ‚Zorro 2000'[2] kann ich im Schutz der Anonymität in meinem Blog die Wahrheit schreiben. Lügenpresse gibt's eh genug." – „Aha ..." Der Onkel Franz bereute bereits jetzt, gefragt zu haben. „Und meiner ist nicht der einzige Wutblog, beileibe nicht. Wir werden immer mehr. Und die Wut muss raus! Über diesen sogenannten Staat und seine Erfüllungsgehilfen. Über die Firma Österreich, die uns ausquetscht und ausnutzt! Eine Firma, mit der ich keinen Vertrag habe und sie deshalb auch nicht anerkenne, verstehen Sie?" – „Nein ...?" Der Onkel verstand wirklich nicht. Derartigen Blödsinn hörte er hier und an diesem Tag zum ersten Mal.

Nun wollte er es doch genau wissen. „Und, verdient man da gut mit der Schreiberei?" – „Aber nein", antwortete Zorro, „dafür kriegt man gar nichts. Um damit Geld zu machen, müsste man mehr Follower haben, daran arbeite ich. Ab und zu kleine Zuwendungen von politischer Seite gibt's. Ein paar sind dort nämlich schon, die unsere Wahrheit vertreten. Die unterstütz' ich auch in meinem Blog." – „Soso", langsam konnte sich der Onkel ein Bild von seinem Mitreisenden machen, „und was arbeiten S' dann? Ich mein' beruflich, wovon leben Sie, wenn ich fragen darf?" – „Beruflich?" Der dünne Mann lehnte sich zurück, seine Stimme klang verächtlich. „Arbeiten auch noch für dieses System? Niemals. Im Gegenteil. Arbeitslosengeld,

---

2 Es sei hier vorweggenommen, dass dieser Zorro keinesfalls mit dem ursprünglich 1919 von Johnston McCulley ersonnenen und schon gar nicht dem 1983 von H. C. (Hans Carl wohlgemerkt) Artmann als Rächer der Würstelmänner literarisch verewigten verwandt sein kann.

Mindestsicherung, Sozialwohnung, was auch immer. Wo ich die nur schwächen kann, greif' ich zu. Gehört zum Plan."

Der Onkel Franz hatte genug gehört. Er begann bereits seine Zeitung in der Tasche zu verstauen, denn nach den nächsten Sätzen beabsichtigte er das Abteil zu wechseln. „Aha. Und was bringt Sie jetzt auf die Idee, dass ich einem anonymen Schreiberling mehr glaube als einem Journalisten, der mit Foto und Namen für das, was er veröffentlicht, gradestehn muss?" Der Wutbürger starrte den Onkel ungläubig an. Bis vor wenigen Sekunden hatte er nämlich naiverweise noch geglaubt, bei diesem auf Verständnis für seine krausen Ansichten zu stoßen.

Doch da hatte er sich in seinem Gegenüber mehr als schwer getäuscht. War wohl nicht so weit her mit seiner Menschenkenntnis. Das genaue Gegenteil war der Fall. Der Onkel Franz, geboren noch in den letzten Jahren des Zweiten Weltkrieges, war froh und dankbar, in einem Land aufgewachsen zu sein, in dem für ihn und die Seinen immer ausreichend gesorgt worden war. In dem in seiner Lebensspanne weder Krieg noch Not wieder ausgebrochen und sogar bescheidener Wohlstand zu erreichen gewesen war. Die Tatsache, dass man für seinen Lebensunterhalt zu arbeiten und seinen Teil zum Gemeinwesen beizutragen hatte, empfand er ebenfalls nicht als Zumutung. Und wenn er auch sonst kein großer Redner und Freund langer Monologe war, nun war er an der Reihe, seine Sicht der Dinge zu formulieren.

„Und Sie sind jetzt also wütend. Auf was jetzt? Auf die Tatsache, dass, wenn S' aufs Knopferl drücken in der Früh, das Licht angeht und frisches Trinkwasser aus der Leitung kommt? Und ihre Verdauungsprodukte Richtung Kläranlage verschwinden? Oder sind S' darauf wütend, dass Sie, wenn's wo zwickt, mit Ihrer E-Card jederzeit zum Doktor oder ins Krankenhaus laufen können? Oder dass, falls Sie – was ich nicht hoffe – Kinder haben, für die vom

Kindergarten bis zur Hochschule ein Platz ist? Sind S' auf das wütend, ja?" Der Onkel Franz war aufgestanden und nahm seinen Hut von der Ablage. Nachdem er ihn aufgesetzt hatte, fuhr er fort. Zorro war in einer Art Schockstarre, mit offenem Mund blickte er zum Onkel hoch. „Das nennt man Gemeinwesen, verstehn Sie? Auf das haben wir uns nämlich einmal geeinigt. Dass wir Leute dafür bezahlen, für das alles zu sorgen. Da wird sogar für Sie gesorgt, der Sie nicht viel vom Arbeiten halten, in der Gegend herumfahren und Blödsinn verbreiten."

Der Dünne hob die Hand, wollte etwas erwidern. Beinahe wie ein Schüler in seiner Bank saß er da und zeigte auf. „Ich bin noch nicht fertig", der Onkel war nicht gewillt, sich an dieser Stelle seiner Rede unterbrechen zu lassen, „eines möcht' ich noch loswerden. Nämlich, dass mir schon klar ist, dass es in der Politik und in der Verwaltung auch ein paar gibt, die inkompetent und korrupt sind. So naiv bin ich nicht. Aber was ich nicht versteh': Wie Leute wie Sie auf die Idee kommen, dass alles besser wird, wann man genau die wählt! So. Und jetzt wünsch' ich noch einen schönen Tag. Ich such' mir nämlich jetzt ein Abteil mit normalen Menschen."

Als der Onkel Franz die Schiebetür hinter sich geschlossen hatte, war ihm wohler. Eine Entgegnung des Dünnen hatte er nicht mehr abgewartet, aus seiner Sicht war alles gesagt. In eine Diskussion mit dem Querkopf einzutreten hatte er ohnehin nicht im Sinn gehabt, es war ihm nur gerade eben ein Anliegen gewesen, derartigen Schwachsinn nicht unwidersprochen hinzunehmen. Nicht oft ließ sich der Onkel auf einen verbalen Schlagabtausch ein, meist kommentierte er fragwürdige Einlassungen seiner Mitmenschen mit zwei, drei kurzen Worten. Seine vorhin geäußerte Sicht der Dinge war ihm jedoch, wie es schien, wichtig genug gewesen, um ausführlicher zu werden. Fast könnte man sagen, er hätte sich etwas aufgeregt. Die eben noch vorhandene Anspannung löste sich jedoch schnell wieder. Er hatte gesagt, was er hatte sagen wollen, und das war auch gut so.

Nun galt es einen neuen Platz zu finden. Der Onkel ging den Gang entlang und blickte dabei durch das Glas der Türen in die Abteile. Manche waren ohnehin vollbesetzt, andere beinahe. Einen Platz am Rand beim Fenster oder an der Tür wäre ihm recht gewesen, in der Mitte – eingezwickt zwischen zwei anderen – kam sowieso nicht infrage. Bei den Abteilen, die seinen Suchkriterien entsprachen, unterzog er nun zusätzlich die darin Befindlichen einer eingehenden Prüfung. Die vorhin gemachte Erfahrung hatte ihn dahingehend sensibilisiert. Der Onkel warf einen Blick auf die vorbeiziehende Landschaft. Amstetten lag bereits hinter ihm, so viel hatte er mitgekriegt, und der nächste Halt sollte wohl St. Pölten sein. Von dort wäre es dann wahrscheinlich noch etwa eine halbe Stunde bis Wien. Eine zu lange Zeit, um sie stehend auf dem Gang zu verbringen. Aber auch zu lange, sollte man erneut in unangenehme Begleitung geraten.

Die zu treffende Entscheidung, welches Abteil er betreten sollte, wurde dem Onkel Franz kurzfristig von der Natur abgenommen. Namentlich von seiner Verdauung. Das konsumierte Schinkenbrot und das halbe mit Käse – die zweite Hälfte hatte er ja dem Buben im Regionalexpress abgegeben – sowie der genossene Tee aus der Thermoskanne meldeten sich. Es war nun also zuerst angezeigt, die nächstgelegene Toilette ausfindig zu machen. Am Ende des Ganges wurde er fündig. Zum Glück war das WC nicht besetzt und der Onkel konnte die Tür öffnen. Schmal war der Durchlass und er musste seine Tasche zuerst hineinschieben, bevor er selbst eintrat.

Er schloss ab und begann sich in dem engen Raum hin und her zu wenden, um sich einen Überblick zu verschaffen. Waschbecken und Papierhandtücher gab es, Klopapier war auch vorhanden. Sehr gut. Ein Schild mit Aufschrift erregte seine Aufmerksamkeit. Der Onkel musste schmunzeln. Noch vor Kurzem hatte er in der Zeitung einen Artikel gelesen, der sich mit Immanuel Kants kategorischem Imperativ beschäftigte. „Handle nur nach derjenigen Maxime, durch die du zugleich wollen kannst, dass sie ein allgemeines Gesetz werde", lautete der Lehrsatz des großen Aufklärers. Der Autor des Beitrags hatte versucht, diese etwas sperrige Formulierung auf volkstümliche Form herunterzubrechen, was zur Phrase „Was du nicht willst, das man dir tut, das füg auch keinem andren zu" führte. Die Auslegung der ÖBB, die er nun vor sich hatte, gefiel dem Onkel allerdings weitaus besser. Auf dem Schild über dem Edelstahlklo stand nämlich zu lesen: „Bitte verlassen Sie diesen Ort so, wie Sie ihn vorzufinden wünschen."

Nun mag mancher erstaunt darüber sein, dass der Onkel Franz mit Kant'scher Philosophie vertraut zu sein scheint, sich für derartige gedankliche Konstrukte interessiert. Hier wird seine Person – wohl aufgrund seines Auftretens, seiner fallweisen Einsilbigkeit – von den meisten oft falsch eingeschätzt. Nicht, dass er einschlägige Literatur sich schon aktiv besorgt und gelesen hätte. Doch ein passionierter Zeitungsleser ist er, der Onkel. Mindestens zwei bis drei Tageszeitungen, die er als seriös erachtet, gehören zu seiner täglichen Lektüre. Und dabei, vor allem in den Wochenendausgaben, weckten Themen weltanschaulicher Natur schon immer seine Aufmerksamkeit.

Gerade der kategorische Imperativ sprach seine eigene Sicht der Dinge an. Letztlich hatte hier jemand schon vor langer Zeit etwas formuliert, das dem Wertesystem, den Anschauungen des Onkels entsprach. Leben und leben lassen. Mit eigenem Sinn und Blick auf die Dinge seine Ansichten vertretend, dabei jedoch die Grenzen und Rechte seiner Mitmenschen nicht verletzend durchs Leben zu gehen, war nach seiner Meinung eine Frage von Anstand und Glauben. Wobei der Onkel letzteres Wort nicht im religiösen Sinn zu benutzen pflegte. Vielmehr verstand er darunter den Glauben an gewisse Grundwerte des Zusammenlebens. So konnte der Onkel durchaus zustimmen, dass es Sinn macht, einen Raum so zu verlassen, wie man ihn vorzufinden wünscht.

*

Nach diesem Exkurs ins Weltanschauliche wenden wir uns wieder profaneren Dingen zu – der Verdauung. Diese regte sich nämlich nun bereits deutlich beim Onkel Franz und der Umstand, dass er sich schon in der dafür vorgesehenen Örtlichkeit befand, war beruhigend. Ein längerer Aufschub des Geschäftes wäre nicht mehr denkbar gewesen. Als er sich anschickte, die dafür nötige Position einzunehmen, wäre er beinahe gestrauchelt. Mit einem Ruck kam der Railjet Nummer 545 zum Stehen, man hatte St. Pölten erreicht.

Der Onkel hielt inne. Wie er sich nun aktuell zu verhalten hätte, davon kündete kein Hinweisschild in seinem Sichtbereich. Dennoch glaubte er sich erinnern zu können, dass es auf keinen Fall gestattet wäre, die Zugtoilette während des Aufenthalts im Bahnhof zu benutzen. Ob dem heute noch immer so war – die letzte Bahnfahrt des Onkels lag viele Jahre zurück –, konnte er nicht genau sagen. Dennoch kam es für ihn nicht infrage, sein Tun fortzusetzen. Er ordnete seine Kleidung, griff sich Hut und Tasche und verließ den Raum. Die Natur hatte jedoch kein Einsehen mit etwaigen Vorschriften der ÖBB und meldete sich unerbittlich. Was tun? Die Türen des Waggons hatten sich zischend geöffnet und der Onkel trat auf den Bahnsteig.

Ein Blick auf die Anzeige verriet ihm die Abfahrtszeit seines Zuges sowie die aktuelle Uhrzeit. Daraus ließ sich errechnen, dass für den wagemutigen Plan, eine Toilette im Bahnhofsgebäude aufzusuchen und rechtzeitig wieder zurück zu sein, eine überschaubare Zeit von fünfeinhalb Minuten zur Verfügung stand. Die Weiterfahrt des Zuges abzuwarten war undenkbar, langwieriges Abwägen der Konsequenzen ebenfalls keine Option. Gottlob befand sich der Eingang zur Halle in unmittelbarer Nähe, da des Onkels Zug auf Gleis eins eingefahren war.

Er lief los. Erreichte die rettenden Räumlichkeiten in weniger als einer Minute. Verschaffte sich die ersehnte Erleichterung und verzichtete sogar das erste Mal seit Jahren auf das anschließende Händewaschen. Dies wollte er dann im Zug nachholen. Der ihm jedoch, als er schnaufend zurück auf den Bahnsteig gelangte, soeben vor der Nase davonfuhr. Chris Lohner kleidete das Geschehen in Worte.

5

Die Reise nach Wien – die keine freiwillige, sondern eine dem Onkel Franz aufgezwungene war, wir erinnern uns – gestaltete sich zusehends zur Odyssee. War ihm anfangs, wie er so dastand auf dem St. Pöltener Bahnsteig, noch nach verhaltenem Fluchen zumute, danach sich den Hut vom Kopf zu reißen, um ihn mit einer resignierenden und dennoch kräftigen Bewegung auf den Boden zu schleudern, siegte – diesen Anflug von Ärger im Keim erstickend – der angeborene Humor des Onkels. Und wieder beglückwünschte er sich mit leichtem Grinsen dazu, zumindest Tasche und Hut in Händen beziehungsweise auf dem Kopf zu haben. Auch die Tatsache, dass er nun nicht mehr Gefahr laufen konnte, erneut auf das dünne Männchen mit den krausen Ideen zu treffen, verbuchte er auf der positiven Seite einer rasch entworfenen Bilanz seiner aktuellen Situation.

Er beschloss, den durch sein Missgeschick unbeabsichtigt entstandenen Zwischenstopp in der niederösterreichischen Landeshauptstadt zu einem geplanten zu ernennen. Hier war ich noch nie, dachte er, und wenn auch ein Anschlusszug zum nicht mehr allzu weit entfernten Wien zeitnah zur Verfügung stünde, jetzt wird erst einmal Pause gemacht. Ein Blick auf eine der Uhren in der Halle – er durchquerte diese nämlich gerade – verriet ihm, dass bereits ohne Weiteres ein Frühschoppen zu rechtfertigen wäre. Das Bahnhofsrestaurant ließ er links liegen, derartige Lokale lagen ihm nicht.

Draußen vor dem Gebäude angekommen, sah sich der Onkel um. Wanderte etwas auf und ab und drang in die eine oder andere Seitenstraße vor. In der dritten wurde er fündig. Ein kleines Beisel mit hölzernem Portal, das auf den an der Wand zwischen den Fenstern befestigten Schiefertafeln Hausgemachtes auslobte. Von Tiroler

Gröstl war darauf die Rede, von Schnitzel und Fiakergulasch. Nach Letzterem stand des Onkels Sinn, dazu ein Krügerl Bier. Oder zwei, man wird sehen. So das Lokal um diese Zeit – es ging auf zehn Uhr zu – überhaupt schon geöffnet und der Herd schon warm wäre. Er fasste an die Messingstange der Eingangstür, welche auf sanften Druck nachgab.

Als er eingetreten war und sich seine Augen an die Lichtverhältnisse im Inneren der Gaststätte gewöhnt hatten, stellte sich eine leichte Enttäuschung beim Onkel ein. So rustikal und heimelig die Fassade der Restauration gewirkt hatte, im Inneren setzte sich dieser Stil nicht fort. Wollte man angesichts der Einrichtung überhaupt von Stil sprechen, so wäre wohl die Bezeichnung „spätes Resopal" angebracht gewesen. Da und dort waren zwar noch Zitate der ursprünglichen, alten Wirtshausausstattung erkennbar, der Großteil der Möblierung war aber wohl in den späten Siebzigern dazugekommen.

Zu seiner Freude erblickte der Onkel Franz im hinteren Teil des Raumes eine sogenannte Wandschank. Hier waren Kühlfächer in die Wand eingelassen und lediglich deren Türen mit ihren schweren, verchromten Griffen standen hervor. Wie auch die Zapfhähne. Und darunter eben keine Möblierung. Nur eine schmale Abstell- und Abtropffläche, welche gerade genügend Tiefe besaß, um einem Maßkrug Platz zu bieten. In ihrer Entstehungszeit war eine derartige Wandschank ein Solitär gewesen, kein Tresen versperrte die Sicht auf ihre Schönheit. Hier allerdings war eine Art Bar davor hingepflastert worden, die zwar tapfer versuchte, altenglische Atmosphäre zu vermitteln, deren billiges Furnier dieser Aufgabe jedoch nicht gewachsen war. Die Tische der Gaststätte wie auch die dazugehörigen Stühle waren gleicher Machart und Epoche und ließen auch keine rechte Freude beim Onkel aufkommen.

Er liebte die traditionellen Gaststuben seiner provinziellen Heimat, in denen noch der größte Teil des Interieurs aus der Entstehungszeit erhalten war und man die mit der Zeit notwendig gewordenen Adaptionen und Reparaturen mit Bedacht durchgeführt hatte. Hier war dem definitiv nicht so und die moosgrünen Sitzauflagen, Platzdeckchen und Vorhänge – allesamt aus demselben Stoffballen geschneidert – waren ebenfalls nicht dazu angetan, beim Onkel Wohlgefühl auszulösen. Wie auch die Tatsache, dass er augenscheinlich der einzige Gast war. Er blieb trotzdem.

Jetzt bin ich schon mal da und außerdem, vielleicht bist du ja wieder einmal überkritisch, schalt er sich selbst und wählte einen Platz am Fenster. Von hier aus hatte er sowohl den Eingang als auch die Schank im Blick. Die Kellnerin, welche von dort aus beim Eintreten des Onkels einen routinemäßigen Gruß hatte verlauten lassen, sah zwar zu ihm herüber, schien ihm aber dennoch keine echte Aufmerksamkeit zu schenken. An der Bar, hinter der sie stand, war wohl das Rauchen noch erlaubt, denn das höchstens fünfundzwanzigjährige Mädchen machte hingebungsvoll Gebrauch davon. Ohne mit der stark geschminkten Wimper zu zucken, richtete sie weiter den Blick auf ihn, während sie ihre Zigarette ruhig zu Ende rauchte. Dämpfte sie daraufhin nachlässig im Aschenbecher aus und kam – unterm Gehen Block und Stift aus der Kellnertasche hervorkramend – auf des Onkels Tisch zu.

„Bitte sehr", verlautbarte sie mit einer für ihr Alter ungewöhnlich rauen Stimme. Da sie dieses „Bitte sehr" weder mit einem Frage- noch mit einem Rufzeichen aussprach, war dem Onkel Franz nicht gleich klar, ob sie damit ihre Ankunft kommentiert oder eine Frage nach seinen Wünschen formuliert hatte. Zu ihren Gunsten nahm er Letzteres an und gab ihr den Grund seines Besuches bekannt. „Ein Seiterl Bier hätt' ich gern. Bittschön. Und – ich weiß, es ist noch früh – aber gäb's schon ein Gulasch?" – „Koch ist noch nicht da." – „Aha", der Onkel verbarg seine Enttäuschung, „dann nehm' ich ein Paar Frankfurter. Mit Kren, wenn's geht, bitte." – „Koch. Ist. Noch nicht. Da." Der Gesichtsausdruck der Kellnerin hatte sich nicht im Geringsten geändert, auch nicht ihr Tonfall. Lediglich die Interpunktionen ließen erahnen, dass die Wiederholung der Aussage eine zusätzliche Information transportieren sollte. Nämlich die, dass außerhalb der offiziellen Anwesenheitszeiten des Koches weder Würstel noch andere kleine Speisen im Angebot wären, basta!

Jetzt war der Onkel Franz an sich nicht der Rebellischste. Dennoch regte sich sein Widerspruchsgeist. Wie schon des Öfteren bemerkt, machte ihm die Reise ohnehin keine Freude, er hatte sich aber inzwischen mit deren Notwendigkeit abgefunden. Verschiedene Fährnisse wie auch Begegnungen der ersten Etappen hatten allerdings bereits etwas an seiner sonst so unerschütterlichen Gelassenheit gekratzt. Das und die Tatsache, dass man angesichts der Uhrzeit mittlerweile schon von spätem Vormittag sprechen konnte, veranlassten ihn zu der folgenden Aussage, die er dennoch von einem Lächeln begleitet ruhig und freundlich der jungen Frau zu Gehör brachte.

„Aha, der Koch ist noch nicht da. Da hab' ich natürlich vollstes Verständnis, dass es noch kein Gulasch gibt. Aber", und dabei schaute er sich demonstrativ im ansonsten leeren Gastraum um, „nachdem eh noch nix los ist, könnten Sie doch sicher schnell ein Paar Würstel ins Wasser geben, oder?" Sie schien unwillig und retournierte den kryptischen Satz: „Da müsst' ich fragen." – „Wen bitte?" – „Chef", war die einsilbige Antwort. „Ah", meinte darauf der Onkel, „der ist schon da? Na, da bin ich mir sicher, wenn Sie den nett fragen, dürfen Sie sicher. Und mein Seiterl nicht vergessen, gell?"

Ob die junge Bedienung der Argumentation des Onkels nun gewillt war zu folgen beziehungsweise ihr folgen konnte, war an ihrer Reaktion nicht abzulesen. Die bestand nämlich darin, sich wortlos umzudrehen und sich in Richtung Tresen zu bewegen, neben dem sich eine Tür – wohl der Eingang zur Küche – befand. Der Onkel Franz sah ihr nach, bis sie in besagter Tür verschwand. Na hoffentlich kommt die wieder, dachte er. Sie kam wieder. Zapfte ein kleines

Bier und trug es zu des Onkels Tisch. Stellte es mit einem leidlich freundlichen „So“ vor ihn hin und setzte nach: „Würstel kommen auch.“ – „Dank’ schön“, gab der Onkel zurück und freute sich insgeheim, diese kleine Schlacht gewonnen zu haben. Außerdem hatte er tatsächlich schon wieder Hunger.

Muss wohl das ungewohnte Reisen sein, dachte er. Oder meine Frau hat recht. Die Tante unterstellte ihm nämlich des Öfteren mehr oder weniger scherzhaft, dass er den Verzehr einer kleineren Mahlzeit meist in erster Linie nur in Betracht zog, um das dazugehörige Krügerl Bier zu legitimieren. Die Tante war eine kluge Frau. Dennoch bestand der Onkel im Falle derartiger Verdächtigungen stets auf seiner Version. Welche lautete, dass es sich gerade umgekehrt verhielte. Zuallererst würde ein kleiner Hunger sich einstellen, danach der Gedanke an das Begleitgetränk.

Wie auch immer, das kleine Bier mundete und es dauerte auch nicht sehr lange, bis die Frankfurter den Weg aus der Küche zu ihm fanden. Tadellos gewärmt, mit scharfem Senf und sogar frisch geriebenem Kren dazu. Eine Scheibe Schwarzbrot gab es auch und der Onkel war rundum zufrieden. Die Kellnerin, zwar noch immer einsilbig, legte nun sogar eine verhaltene Freundlichkeit an den Tag. Hat wohl erst warm werden müssen, dachte der Onkel Franz und bat um ein weiteres Seiterl. Während sie damit beschäftigt war, diesem Wunsch nachzukommen, öffnete sich die Eingangstüre des Lokals.

Herein trat ein junger schlanker Mann mit dunklem Haar und ebensolchem Teint. Seine Kleidung sowie auch der große Karton, den er trug, wiesen ihn als Angestellten eines bekannten Paketdienstes aus. Er grüßte freundlich und steuerte zielstrebig auf die Schank zu. Stellte das Paket dort ab und holte ein elektronisches Gerät hervor, welches er mit einem kleinen Stift bediente. Daraufhin hielt er es der Servierkraft hin, um sich den Empfang der Lieferung bestätigen zu lassen. „Na endlich!", schnappte sie, nahm mit spitzen Fingern den Stift und kam der Aufforderung nach. Dabei zeigte sie – soweit der Onkel dies aus der Entfernung erkennen konnte – wieder jene latente Unfreundlichkeit und Unwilligkeit, mit welcher sie auch ihn anfangs bedacht hatte. Zumindest macht sie da keine Unterschiede, dachte der Onkel Franz. Dass er hier irrte, sollte sich bald herausstellen.

Denn nun geschah Ungeheuerliches. Der Paketbote machte nämlich wider Erwarten nach abgeschlossener Transaktion keinerlei Anstalten, den Gastbetrieb zu verlassen. Im Gegenteil. Er sah sich wie vorher bereits der Onkel im Raum um und wählte einen Tisch. Griff an die Lehne des dazugehörigen Stuhles, um ihn etwas heranzuziehen und sich zu setzen. Was daraufhin passierte, war dem Onkel Franz in erster Linie peinlich. Fremdschämen nennt man das Gefühl wohl, das ihn überkam.

Trotz ansonsten leerem Gastzimmer kam nun nämlich die Kellnerin, des Onkels Bierbestellung in Händen, auf den neuen Gast zu und verkündete: „Reserviert!" Meinte damit Klarheit geschaffen zu haben und wandte sich zum Tisch des Onkel Franz. Stellte diesem das Krügerl hin, sah ihn verschwörerisch an und schüttelte den Kopf. Der traute seinen Augen und Ohren nicht. Dieses dumme Ding hatte dem Boten doch tatsächlich zu verstehen gegeben, dass er – aus welchen Gründen auch immer – hier als Gast nicht erwünscht sei. Anders war ihr Verhalten nicht zu deuten. Darüber hinaus erdreistete sie sich vorauszusetzen, der Onkel stimme ihr in dieser Haltung zu. Dem war natürlich nicht so. Im Gegensatz zu dieser Annahme war ihm Derartiges zutiefst zuwider und er beschloss einzugreifen.

Dazu bestand nämlich akuter Bedarf, denn der Paketbote steuerte bereits auf den nächsten Tisch zu, um zu überprüfen, ob dieser eventuell auch reserviert wäre. Bevor es zu weiteren

Auseinandersetzungen kommen konnte, erhob sich der Onkel Franz halb von seiner Sitzbank und richtete das Wort an den Mann. „Geh, seien S' so lieb, setzen Sie sich zu mir. Was solln wir da jeder so allein an einem Tisch hocken? Bitte." Der Paketbote stutzte kurz, nahm dann aber das Angebot des Onkels dankend an. Und zwar in perfektem Deutsch. Ein bisserl schämte sich der Onkel nun dafür, dass ihn das überraschte. „Sehr gerne, vielen Dank. Wenn ich Sie wirklich nicht störe?" – „Aber gar nicht. Bitte, nehmen S' Platz." Der Mann folgte dieser Aufforderung und setzte sich dazu.

Die Kinnlade der Kellnerin war nach unten geklappt. Ungläubig starrte sie herüber und verharrte regungslos. Nachdem der Onkel ihr lächelnd mit einem Handzeichen zu verstehen gegeben hatte, dass eine weitere Bestellung aufzunehmen wäre, löste sich ihre Erstarrung allmählich. Sie schloss den Mund und kam langsam zum Tisch. „Was darf's denn sein?" Der Onkel Franz stellte diese Frage, nicht die Bedienung. Sein neuer Sitznachbar sah sich kurz auf dem Tisch um, deutete mit einer kreisenden Bewegung des Zeigefingers zusammenfassend auf das Gedeck des Onkels und verkündete: „Ich nehme das Gleiche wie der Herr, bitte." – „Bier?" Die Bedienung schien verwirrt. „Ja, wenn's geht." – „Und Frankfurter?" – „Wenn möglich."

Unter stetigem Kopfschütteln zog sie ab. Wenn sie es auch nicht ausgesprochen hatte, ihre Verwirrung war höchstwahrscheinlich darin begründet, dass die von ihr aus kleinformatigen Gratiszeitungen und wohl auch anderen, elektronischen Beeinflussungsinstrumenten übernommenen Kategorisierungen gerade gehörig auf den Kopf gestellt worden waren. Einfaches und in seiner Pauschalierung doch meist unrichtiges Schubladendenken. Das da aussagte: Männer dieses Aussehens stammen allesamt aus dem arabischen oder nordafrikanischen Raum und sind ausnahmslos Moslems. Daher nehmen sie unter Garantie weder Alkohol noch Schweinefleisch zu sich. Sind der deutschen Sprache kaum mächtig und darüber hinaus sowieso potenziell gefährlich.

Jetzt mag mancher glauben, der Onkel Franz wäre hier seinerseits zu einseitig und voreingenommen in der Beurteilung der Motive und Denkmuster des Mädchens. War er nicht. Tatsächlich hatte sie genau diese Gedanken im Kopf, als sie einige Zeit später das Bestellte servierte und dabei auch gleich die – wohlgemerkt unverlangte – Gesamtrechnung vorlegte. Das kam im Prinzip einem Rauswurf gleich.

Der Mann vom Paketdienst und der Onkel Franz sahen sich kurz an und erkannten wechselseitig, dass man wohl gerade die gleichen Überlegungen anstellen mochte. Nämlich die, ob man hier in einen Diskurs eintreten, damit seinem Unmut Luft und seine Rechte geltend machen sollte, oder ob es nicht nobler wäre, es gut sein zu lassen und diese unverschämte Handlungsweise mit keiner Reaktion zu würdigen. Man einigte sich stillschweigend auf Letzteres. Das Thema war abgeschlossen, hier war wohl bei größter Bemühung keine Seele mehr zu retten. Beide zückten ihre Brieftasche, beide gaben dem jeweils anderen durch Gestik und Mimik zu verstehen, die Rechnung begleichen zu wollen. Die Kellnerin ignorierten sie bereits vollständig.

Die letzte Geste des Mannes in der Berufskleidung gab den Ausschlag. Er legte die Innenfläche seiner rechten Hand auf die linke Brust und deutete dabei im Sitzen eine leichte Verbeugung an. Damit übermittelte er wortlos die Botschaft, dass es ihm eine Ehre wäre, sein Gegenüber einzuladen und bat darum, der Onkel möge ihm diesen Wunsch gewähren. Mit einem Nicken des Kopfes, das ebenfalls einer Verbeugung entsprach, nahm dieser dankend an. So hatten also der bodenständige, ältere Innviertler, der noch kaum in der Vergangenheit seinen Landesteil nennenswert verlassen hatte, und der – wie der Onkel bald erfahren sollte – Mann aus Syrien sich in einer wohl Jahrtausende alten Körpersprache darüber ins Einvernehmen gesetzt, wer die Kosten für Würstel und Bier in dieser freundlichen Schänke übernehmen würde.

Nachdem die dafür vorgesehenen Geldscheine und Münzen auf den Tisch gelegt worden waren, wandten sie sich einander zu, um anzustoßen. Die derart mit Missachtung gestrafte Kellnerin verzog sich sichtlich grollend hinter ihren Kommandostand und entzündete mit fahrigen Bewegungen eine weitere Zigarette. Ihr Unmut, den sie durch finstere Miene und fortwährendes Kopfschütteln ausdrückte, war wohl kaum auf die Tatsache zurückzuführen, dass es kein Trinkgeld gegeben hatte. So dumm konnte sie unmöglich sein, hier ein solches erwartet zu haben. Vielmehr lag es wohl eher daran, dass sie von den beiden Herren als nicht würdig genug erachtet worden war, den von ihr hingeworfenen Fehdehandschuh aufzunehmen.

In aller Ruhe widmeten sich die beiden Männer nun also ihrem Imbiss und es entwickelte sich dabei ein Gespräch, das dem Onkel Franz erste Informationen über seine neue Bekanntschaft eröffnete. Man hatte sich einander vorgestellt und vereinbart, sich mit Vornamen anzusprechen. Karim – so hieß der Mann – hatte einen für die Innviertler Zunge schwer auszusprechenden Nachnamen. Umgekehrt mochte es sich ähnlich verhalten.

Aus Damaskus stamme er und habe sein Land schon vor Ausbruch des Bürgerkrieges verlassen müssen. Dolmetscher in Staatsdiensten sei er in der syrischen Hauptstadt gewesen, hätte angemessen verdient und ein gutes Leben geführt. Bei Besuchen ausländischer Delegationen aus aller Welt habe er übersetzt und war dabei zunehmend kreativer in der Auslegung des Gesagten geworden. Bis heute sei ihm nicht ganz klar, welcher Teufel ihn damals geritten hatte, wohl spielten seine menschlichen wie auch politischen Überzeugungen dabei eine Rolle. Er sei aber nach wie vor von der Richtigkeit seines Tuns überzeugt. Durch leichte Abänderung oder Abschwächung verschiedener Aussagen bei den Verhandlungen waren oft Übereinkünfte erzielt worden, die sonst wohl nicht zustande gekommen wären.

Des Onkels Respekt vor dem Mann wuchs. Nicht nur, dass er fließend Deutsch, Englisch, Französisch, Russisch sprach, Arabisch und verschiedene aramäische Dialekte seiner Heimat sowieso, war Karim auch noch mutig (oder leichtsinnig?) genug gewesen, seine Stellung aufs Spiel zu setzen, weil ihm manche Position der hohen Herren verbesserungswürdig erschienen war. Was sich allerdings rächen sollte. Das Spitzelnetz des Assad-Regimes war engmaschig. Man unterzog die Protokolle der Gespräche regelmäßigen Stichproben, seine eigenwillige Auslegung bei den Übersetzungen flog auf. Gottlob hatte Karim einen Freund in geeigneter Position, der ihn rechtzeitig warnen konnte. Hals über Kopf verließ er das Land. Da seine Eltern nicht mehr lebten und er selbst noch keine Familie gegründet hatte, ließ er dabei niemanden zurück, der an seiner Stelle Repressalien zu befürchten gehabt hätte.

*

Mittlerweile hatten die beiden ihr kleines Mahl beendet. Der Onkel Franz hatte längere Zeit sprachlos zugehört, war beeindruckt von der Geschichte des Syrers. Auf dessen Frage, ob er denn auch auf Reisen wäre – die Tasche des Onkels legte diese Annahme wohl nahe –, winkte er ab. Von Zweck und Ungemach seines kleinen Ausflugs nun zu berichten erschien ihm ungehörig. So antwortete er nur knapp, gab an, wo er zu Hause und dass die Hauptstadt Wien sein Ziel sei. Und dass der Fahrplan der Eisenbahn und er wohl keine Freunde mehr würden, schon zweimal habe er den Anschlusszug verpasst.

„Nun, das trifft sich gut, Herr Franz“, eröffnete ihm der Syrer, „auch ich muss nach Wien. Schon länger bemühe ich mich um eine Anstellung bei den Vereinten Nationen. Dolmetscher werden dort gebraucht und allmählich macht auch die österreichische Bürokratie den Weg frei. Heute habe ich endlich einen Termin bei der UNO, darf mich vorstellen. Ich nehme Sie gerne mit nach Wien. Wenn es Sie nicht stört, dass ich unterwegs ein paar Pakete abliefere? Noch bin ich auf diesen Job angewiesen." Der Onkel nahm dankend an und die beiden ungleichen Herren begaben sich angeregt plaudernd zum Ausgang, als würden sie sich schon seit Jahren kennen.

Zurück blieb rauchend eine etwas verstörte Kellnerin, deren Kopf noch immer leicht hin- und herwackelte, während sie das gelieferte Paket öffnete. Der Onkel Franz, der sich beim Aufhalten der Tür noch einmal umgewandt hatte, konnte noch sehen, wie sie die ersten Dosen Gulasch in die Küche trug.

*

Das Paketauto parkte direkt vor dem Lokal und erinnerte den Onkel Franz an den Beginn seiner Odyssee. An jenen Mittwochmittag, an welchem er vom Markt nach Hause kam und eine ganze Flotte derartiger Gefährte in seine Wohnstraße eingefallen war. Der Tag, an dem er den Brief des Wiener Rechtsanwaltes erhalten hatte, welcher den Anlass dieser Reise darstellte. Es erinnerte ihn aber auch daran, seiner Frau versprochen zu haben, sie anzurufen, sobald er in Wien angekommen wäre. Damit ich mir keine Sorgen mache, hatte sie gemeint. Ob du auch gut angekommen bist in der Hauptstadt, hatte sie gesagt.

Die Tante machte sich häufiger Sorgen. Es handelte sich dabei aber nicht um ernstliche Besorgnis, vielmehr war es ein Anteilnehmen am Wohlergehen ihres Gatten, ein Umsorgen desselben. Welches dieser sich auch gerne gefallen ließ, zeigte es doch eine nach jahrzehntelanger Ehe noch immer innige Zuneigung füreinander. Denn auch umgekehrt verhielt es sich so. Der Onkel saß geradezu auf Nadeln, wenn seine Frau nach einem Besuch oder anderweitiger aushäusiger Tätigkeit nicht pünktlich zur vereinbarten Zeit zurückkehrte.

Ich wäre ja nun längst schon in Wien, ging es ihm durch den Kopf, wenn ich in Wels und St. Pölten nicht aus dem Zug gestiegen, sondern dem ursprünglichen Fahrplan gefolgt wäre. Somit hätte ich mich ja bereits melden müssen daheim. Soll ich den Mann neben mir, dachte er weiter (er saß nämlich schon auf dem Beifahrersitz des Kleintransporters) bitten, mir sein Telefon zu leihen und zu Hause anrufen? Vom mehrmaligen Missgeschick berichten? Er entschied sich dagegen. Es konnte ja nun nicht mehr lange dauern, bis er tatsächlich in Wien sein würde. Erst dann anzurufen und von der Reiseverzögerung und deren Ursachen zu berichten, sollte die Tante bei Weitem weniger beunruhigen. Da dies jetzt intern geklärt war und auch der Fahrer den Wagen aus der Parklücke herausmanövriert und in den fließenden Verkehr eingeordnet hatte, konnte das Gespräch seinen Fortgang nehmen. Der Onkel hatte noch viele Fragen, war es doch das erste Mal, dass er Gelegenheit hatte, über ein an den Stammtischen vieldiskutiertes Thema aus erster Hand zu erfahren. Über das Heimatland Karims wollte er Näheres erfahren und der Syrer begann gerne darüber zu berichten.

Schon zu Zeiten König Davids von den Israeliten erobert, war das Gebiet des heutigen Syriens in der Folge wechselhafter Herrschaft unterworfen. Die Araber besetzten es, wie auch später die Ägypter und Osmanen. Briten und Franzosen herrschten über das Gebiet, bis es 1946 erstmals zum unabhängigen Staat wurde. Zwanzig Jahre später putschten die Generäle, darunter auch Hafiz al-Assad. Der das Land dann ab 1970 regierte und im Jahr 2000 in seiner fünften Amtsperiode starb. Sein Sohn Baschar al-Assad übernahm, selbstverständlich auch demokratisch gewählt, und regierte nun bereits die dritte Periode. So war Syrien nun im siebenundvierzigsten Jahr unter Führung der gleichen Familie und im siebten Jahr eines schrecklichen Bürgerkrieges. Dem Karim nicht ausgesetzt war, da er kurz davor das Land verließ.

Nach Österreich war er gekommen, weil hier einer der vier Hauptsitze der Vereinten Nationen beheimatet ist. New York und Genf schieden aus, weil er dort von vornherein keine Chance auf Einreise hatte, und Nairobi in Kenia kam für ihn nicht infrage, war ihm politisch zu instabil. Karim suchte Sicherheit, wer kann's ihm verdenken. Blieb Wien, und er hoffte von Anfang an, dort Anstellung zu finden. „Und bis ich das darf, alle rechtlichen Anforderungen dafür erfüllt sind, hat mir Ihr Land, Herr Franz, erlaubt zu bleiben. Ich nutze die Gelegenheit, um mich bei Ihnen als Souverän dieses Staates dafür zu bedanken!" Karim sah den Onkel mit breitem Grinsen dabei an, sodass der kurz nicht sicher war, ob dieser letzte Satz sarkastisch gemeint war. War er nicht. Der Syrer freute sich ehrlich über die Möglichkeit zum Neustart in Österreich und darüber, einem Bürger dieses Landes einmal persönlich dafür danken zu können. Über diese Erkenntnis erhellte sich der noch gerade etwas ratlose Gesichtsausdruck des Onkels und beide Männer lachten.

„Fast sieben Jahre sind Sie jetzt schon hier, das ist aber lang." Der Onkel Franz überlegte. „Und sind trotz Ihrer Sprachkenntnisse beim Packerlausfahren gelandet?" – „Ja, das dritte Jahr jetzt. Davor durfte ich gar nicht arbeiten. War schlimm." – „Und was verdient man da so? Kann man davon leben?" – „Überleben, ja." Der Syrer nannte ein paar Eckdaten. „Bezahlung pro ausgeliefertem Paket. 150 bis 200 Pakete am Tag, dann kommt man bei einem Zehn- bis Zwölf-Stunden-Tag auf etwa fünf Euro brutto die Stunde. Man ist in der Regel nicht beim Paketdienst angestellt, sondern so was wie ein Subsubsubunternehmer. Aber ich will nicht klagen, ich habe ja einen Plan B. Und bis dahin geht es schon." Dabei zeigte er wieder sein ansteckendes Lächeln. Der Onkel war von dem Mann und seiner Geschichte beeindruckt. Und freute sich schon insgeheim auf seinen Stammtisch zu Hause. Denn da gab es oftmals Meinungen, denen man am besten mit Fakten beikam.

*

Mittlerweile war man in der Peripherie von Herzogenburg angekommen. Hier hatte Karim drei Pakete auszuliefern, dann noch zwei in Traismauer. Wenn es für den Onkel Franz auch einen Umweg bedeutete, diese Tour mitzumachen, war er dennoch froh, dadurch einen Einblick in eine fremde Lebenswelt zu erhalten. Wie man in seiner beschränkten, ichbezogenen Sichtweise zwar glaubt, davon eine Ahnung zu haben, dennoch aber nicht einmal an der Oberfläche dessen kratzt, was tatsächlich in nächster Nähe vor sich geht, das waren die Gedanken des Onkels, als der Syrer nach einer erfolgreichen Zustellung wieder neben ihm Platz nahm.

„Sagen Sie einmal", stellte er dann auch eine Frage, die ihn schon seit St. Pölten beschäftigte, „die meisten Syrer sind Moslems, oder? Sie auch?" Kaum hatte er dies ausgesprochen, merkte er, wie blöd es sich anhörte, es war ihm sogleich ein bisserl peinlich. Der Onkel fürchtete wegen der Frage verdächtigt zu werden, ansatzweise ähnliche Vorurteile zu haben wie schon die Kellnerin. Aber er war halt neugierig und wusste nicht, wie er es sonst hätte formulieren sollen, wie sonst das Gespräch auf das Thema zu bringen gewesen wäre.

Das breite, nun schon bekannte Grinsen des Syrers zerstreute diese Bedenken. „Moslem, ja. Durch Geburt, die Familie. Wie die Mehrheit in meinem Land. Aber auch eine christliche Minderheit gibt es, sogar wenige Juden. Und bei euch?" Wieder dieses entwaffnende Lächeln. „Ja, ist schon recht", der Onkel hatte verstanden, „hauptsächlich Katholiken, Evangelische auch. Moslems, Juden genauso. Ich selber bin Katholik, auch durch Geburt und Familie. Und in die Kirche geh' ich zweimal im Jahr, wenn eine Taufe oder eine Hochzeit ist, und beten tu' ich höchstens alle heiligen Zeiten, wenn's ernst wird. Und eine Leberkässemmel ess' ich auch schon mal am Aschermittwoch oder Karfreitag, wenn's pressiert. Haben S' das gemeint, ja?" – „Sehen Sie, Herr Franz", Karim wirkte nach wie vor belustigt, „da haben wir beide dann ja wohl eine ähnliche Konfession, oder?" – „Ja, ja", der Onkel spielte den leicht Verärgerten, „Konfession hin oder her, Ihr Glaube hätt' mich halt interessiert."

Der Syrer wurde ernst. „Mein Glaube? Den habe ich natürlich. Muss man den nicht haben angesichts der Großartigkeit der Schöpfung, dem allem hier?“ Er machte eine ausladende Handbewegung, die wohl die ganze Welt und mehr einschließen sollte. „Da muss man doch staunen und auch glauben, oder? Hat aber mit der Konfession nicht so viel zu tun, wie manche meinen. Ich erzähle Ihnen eine Geschichte.“

Nach einer kurzen, nachdenklichen Pause begann er. „In dem Wohnheim, wo ich in den ersten zwei Jahren hier in Österreich untergebracht war, hatte ich einen Bettnachbarn, ebenfalls Syrer. Er war Angehöriger der aramäischen, christlichen Minderheit, glaube ich, und etwas älter als ich. Er hatte wohl Schreckliches erlebt, sprach jedoch nicht darüber. Einmal aber sagte er mir, dass er keinen Glauben mehr habe. Dass man in so einer Welt auch keinen haben könne. Ich widersprach ihm. Glaubst du denn nicht, fragte ich ihn, dass wir einem, der gestürzt ist, die Hand reichen sollten, um ihm aufzuhelfen, anstatt über ihn hinwegzusteigen? Spürst du nicht auch instinktiv, dass es erstrebenswerter ist, ein guter, ein netter Mensch zu sein als ein böser, ein zerstörender? Bist du nicht auch der festen Überzeugung, dass wir in Frieden miteinander leben sollten auf dieser Erde anstatt in Streit und Krieg? Natürlich, war seine Antwort, natürlich wäre er das, müsse jeder normal denkende Mensch dieser Meinung sein. Siehst du, mein Bruder, sagte ich darauf zu ihm, und das ist Glaube, nicht mehr und nicht weniger. Dazu brauchst du keinen Priester, Imam oder Rabbi. Nur dein Herz.“

Der Onkel war sprachlos. Dieser junge, in den letzten Jahren vom Leben nicht eben gut behandelte Mann da neben ihm hatte in ein paar Sätzen eine große, seit jeher viel diskutierte Thematik auf ihren Kern reduziert und glasklar auf den Punkt gebracht. Und jetzt, nachdem er geendet hatte, fiel auch die Ernsthaftigkeit wieder von ihm ab und er grinste wieder wie ein kleiner Bub. Strahlte den Onkel an und reichte ihm die Hand. „Karim!“, sagte er dabei und es war wohl eine Freundschaftsgeste ebenso wie die Bitte um das Du-Wort. Der Onkel Franz schlug ein und suchte gerade nach den richtigen Worten, er war etwas gerührt. Er verspürte nämlich eine große Vertrautheit dem eigentlich Fremden gegenüber, und dennoch war er sich nicht ganz im Klaren, wen er da vor beziehungsweise neben sich hatte. Trotz seiner relativen Jungend strahlte Karim eine Klugheit und Gelassenheit aus, wie man sie eher sehr weisen, alten Menschen zuschreibt.

Diese Gedanken wurden unterbrochen von einem schrillen Ton, der aus dem Lautsprecher am Armaturenbrett zu kommen schien. Karim, der einen Clip am Ohr – wohl eine Freisprecheinrichtung – trug, entschuldigte sich mit einem Blick beim Onkel und nahm den Anruf an, indem er die dafür vorgesehene Taste am Lenkrad drückte. „Ja? Wieso? Woher ..., nein, ich ... Gut, ja." Er beendete das Gespräch mit einem weiteren Tastendruck und wandte sich an seinen Passagier. „Mein Arbeitgeber. Stell dir vor, die haben hier anscheinend irgendwo eine Kamera eingebaut", suchend wanderte sein Blick durch den Innenraum, „und kontrollieren uns damit stichprobenartig. Fast wie zu Hause. Und jetzt haben sie wohl dich entdeckt, einen verbotenen Fahrgast. Strengstens untersagt, jemanden mitzunehmen, weißt du." Dabei lächelte er noch immer.

„Um Gottes willen, da hab' ich dich jetzt in Schwierigkeiten gebracht", der Onkel war bestürzt, „komm, ich steig' gleich aus." – „Genau das hat man mir gerade befohlen, aber die können mich mal gern haben. Du bleibst." – „Nein", der Onkel Franz traf die Entscheidung, „bleib stehen. Auch wenn die dich bei den Vereinten Nationen nehmen, das kann noch dauern. Du kannst es dir nicht leisten, diese Arbeit zu verlieren, auch wenn die noch so schlecht bezahlt ist. Ich komm' schon weiter." Der Syrer widersprach, der Onkel bestand darauf, sofort auszusteigen. Nicht einmal in den nächsten Ort, Traismauer, wolle er noch mitfahren, er könne das nicht verantworten. Und damit basta! Karim gab nach. Fuhr an den

Straßenrand und hielt. Die beiden Männer verabschiedeten sich herzlich, wünschten sich alles Gute. Es war ein seltsames Gefühl, welches der Onkel dabei hatte. Als kenne er den Mann, der ihn da ein Stück des Weges mitgenommen hatte, schon seit ewigen Zeiten, als hätte man schon früher miteinander zu tun gehabt.

Als der Kastenwagen mit dem Logo des mitarbeiterfreundlichen Paketdienstes seine Fahrt fortgesetzt hatte, hinterließ er einen in der Landschaft reichlich verloren wirkenden Onkel Franz. Den Hut auf dem Kopf und die lederne Tasche in der Hand stand er nun wieder einmal – seinem Ziel zwar schon ziemlich nahe – da, gestrandet auf seiner Odyssee nach der Bundeshauptstadt Wien.

6

Die Bundesstraße zwischen Herzogenburg und Traismauer war nicht sehr stark befahren. Nur gelegentlich sauste ein Pkw am Onkel Franz vorbei, der sich wohl oder übel aufgemacht hatte, per Fußmarsch die nächste Ortschaft oder Bushaltestelle zu erreichen. Es ging auf die Mittagsstunde zu, die Sonne stand bereits recht hoch und der Jahreszeit entsprechend wurde es schon sehr warm. Er hatte seine Jacke – seinen Rock, wie er das Kleidungsstück altmodisch zu benennen pflegte – ausgezogen und über die rechte Schulter gelegt. In der linken Hand die Tasche, deren Handgriff ihm gleichsam vertrauter Halt in fremder Umgebung war, den Hut etwas in den Nacken geschoben, marschierte er also am staubigen Straßenrand entlang. Wer ihn im Vorbeifahren so sah, mochte sich wohl den einen oder anderen Gedanken machen, wer der ältere Herr, der da wanderte, sein mochte, wohin er wolle. Natürlich blieb keiner stehen, den Onkel dies zu fragen. Der jedoch stellte sich selbst gerade eine Frage. Nämlich die, ob er denn zu der für ihn ungewohnten Methode des Autostopps greifen solle.

*

Einmal, als junger Mann war er so gereist und da nicht freiwillig. Ein Schulausflug mit dem Bus war der Anlass gewesen. Ende der Fünfzigerjahre waren der Onkel und seine Kameraden der letzten Klasse der Hauptschule unter Begleitung des gestrengen Herrn Direktors an den schönen Ibmer See gefahren, um dort das Moor zu besichtigen. Anschließend war Zeit zur freien Verfügung genehmigt worden, welche die jungen Herren natürlich zum Baden genutzt hatten. Abfahrt nach Hause sei pünktlich um sechzehn Uhr, wer auch nur eine Minute zu spät am Bus wäre, würde zurückgelassen. Dieser Anordnung des Direktors wagte niemand zuwiderzuhandeln, der Pädagoge war bekannt und gefürchtet für seine Sanktionen. So bestiegen dann auch die Schüler zur rechten Zeit das Transportmittel.

Der Schüler Franz – damals war er noch kein Onkel – war der Einzige, der bei der Abfahrt fehlte. Er hatte sich am Strandbuffet verplaudert, war dort doch eine äußerst hübsche Bedienung angestellt, die seine Aufmerksamkeit erregt hatte. Als er, noch beseelt von romantischen Anwandlungen, letztlich zum Parkplatz gelaufen war, musste er feststellen, dass der Schulleiter seine Drohung in die Tat umgesetzt hatte. Der Bus war weg und so blieb eben nur noch die Möglichkeit, an der Landstraße den Daumen rauszustrecken und auf eines der wenigen Automobile zu warten, die damals unterwegs waren. Auch damals war es heiß und der Onkel meinte sich zu erinnern, dass erst nach einer Stunde jemand hielt, um ihn mitzunehmen.

*

Sollte damals schon der Grundstein für des Onkels Abneigung Busreisen gegenüber gelegt worden sein? Gut möglich. Gegenwärtig wäre er jedoch froh gewesen, wäre bald eine Haltestelle in Sicht gekommen. Würde zeitnah ein Post- oder Bahnbus oder sonstiger Linienverkehr ihn mitgenommen haben. Irgendwie Richtung Osten, Richtung Wien. So genau nahm es der Onkel Franz nun nicht mehr. Hauptsache, diese Reise würde bald ein Ende nehmen. Über die Rückfahrt machte er sich keine Sorgen, er hatte schon insgeheim beschlossen, sich dafür eine Verbindung herauszusuchen, die wenn möglich ohne Umsteigen auskommt. Solch einen Zug würde er dann, sobald beim Wiener Anwalt alles geregelt wäre, besteigen und sich nicht mehr von seinem Platz rühren, bis der heimatliche Kirchturm in Sicht käme.

Mit diesen Gedanken behaftet, trottete er weiter und übte dabei schon mal jene Handhaltung, welche anzeigt, dass man mitgenommen werden möchte. Er kam sich reichlich blöd dabei vor. Nun ist diese Art zu reisen eindeutig für die Jugend reserviert, ältere Semester wie der Onkel wirken dabei bestenfalls etwas schrullig, so ist das nun mal. Diese Einsicht wie auch die Tafel, die nun etwa fünfzig Meter vor ihm in Sicht kam, ließen ihn von seinem Ansinnen Abstand nehmen. Soweit es der Onkel Franz auf diese Entfernung erkennen konnte, handelte es sich nämlich um ein Hinweisschild, wie es für Haltestellen gebräuchlich ist. Je näher er kam, desto mehr bestätigte sich diese Annahme. Das H im Kreis und die darunter an der Stange befindliche Tafel mit dem Fahrplan ließen ihn Hoffnung auf Weiterbeförderung schöpfen, die Bank daneben versprach Ruhe für seine müden Beine.

Am Ort der Verheißung angekommen, studierte der Onkel Franz zunächst den Fahrplan. Mittlerweile hatte er ja schon etwas Übung in derartigen Recherchen gewonnen. Und tatsächlich war eine geeignete Verbindung aufgelistet, zumindest würde ihn der Postbus SV112 zum Bahnhof Tullnerfeld bringen, von wo aus er einen S-Bahnanschluss über Klosterneuburg nach Wien hätte. Damit hätte er sein Ziel endlich erreicht. Einziger Wermutstropfen dabei war, dass besagter Bus erst in einer Stunde hier halten sollte. Was soll's, dachte der Onkel, wird eben gewartet.

Zur Ausübung dieser Tätigkeit nahm er auf der Bank Platz. Die Gottlob im Schatten zweier Nadelbäume stand, in einer Art gewachsenen Nische, welche auch ein Wegkreuz beherbergte. Dem Onkel gefielen diese Christusdarstellungen, wie sie die Volkskunst vor vielleicht schon hundert Jahren oder mehr hervorgebracht hatte. Das Kreuz selbst war etwa drei Meter hoch und aus grobem, verwittertem Lärchenholz gefertigt. Daran war ein auf Blech gemalter Jesus geschlagen, auch an ihm hatte der Zahn der Zeit schon ausgiebig genagt. Beim Anblick des Gekreuzigten kam dem Onkel Franz wieder die Unterhaltung mit Karim in den Sinn. Dessen stark vereinfachte und darum umso richtigere Definition von Glaube.

Während er sich hinsetzte, richtete der Onkel seinen Blick auf das Gesicht des Gottessohnes. Im Gegensatz zu vielen Darstellungen, die er schon gesehen hatte, war hier kein leidender Ausdruck zu erkennen. Vielmehr gelassen wirkte das Antlitz, beinahe heiter hatte es ein unbekannter Künstler hier abgebildet. Fast konnte man meinen, dieser Jesus hier würde lächeln. Gleichzeitig mit diesem Gedanken ging ein weiterer einher. Nämlich der, dass eine gewisse Ähnlichkeit der Gesichtszüge des Gekreuzigten mit jenen von Karim nicht zu leugnen war. Waren ja auch beinahe Landsleute, die beiden, dachte der Onkel.[3] Das, die Ähnlichkeit und die gerade vorhin noch geäußerten Glaubensgrundsätze des Syrers brachten ihn etwas ins Sinnieren.

So nahm er den näherkommenden Wagen erst wahr, als dieser die Haltestelle schon fast erreicht hatte. Eine große, schwarze Limousine war es, die nun vor des Onkels Bank hielt. Das Kennzeichen mit dem großen A und dem Wappenadler wies das Fahrzeug als das eines Mitglieds der Bundesregierung aus. Gerade darüber hatte der Onkel kürzlich in der Zeitung gelesen. Als er noch rätselte, welches hohe Tier hier wohl seinen Weg kreuzen mochte, bewegte sich langsam die getönte Scheibe im Fond nach unten und gab so den Blick auf den Herrn dahinter frei.

„Nach Wien?" Diese kurze Frage richtete der Herr im Fond an den Onkel Franz. „Genau", war dessen ebenso knappe Antwort. Bei der er sich gleichzeitig wunderte, woher der Mann vom Ziel seiner Reise wissen konnte. „Ich mein', ob Sie wissen, wo es nach Wien geht. Autobahn?", wurde die Frage präzisiert. Dem Onkel kam die Sache nun komisch vor. Bedurfte der Chauffeur, der vorne links am Steuer der Staatskarosse saß und zweifellos ein Berufsfahrer war, tatsächlich seiner Hilfe, um nach Wien zu finden? Unwahrscheinlich.

3 Rein geografisch gesehen hat der Onkel damit gar nicht so unrecht. Tatsächlich beträgt die Entfernung Damaskus–Nazareth gerade mal 129 Kilometer.

Diese Verwirrung stand ihm wohl wie ein großes Fragezeichen ins Gesicht geschrieben, denn der andere fuhr fort und erklärte die Situation. „Navigationssystem defekt, Handy- und Laptop-Akku leer, der ganze technische Schmarrn. Und der Herr Weber da vorn, tadelloser Autofahrer, aber null Orientierungssinn." – „Aha", jetzt hatte der Onkel Franz verstanden und beschloss, die Gelegenheit zu nutzen, „da kann ich, glaub' ich, helfen. Aber Autobahn macht keinen Sinn, da müssten S' einen weiten Umweg fahren."

Das war so etwas wie eine Notlüge. In Wirklichkeit hatte er nicht die leiseste Ahnung, wo genau es zur richtigen Autobahnauffahrt ging. Aber über Himmelsrichtungen, da wusste der Onkel Bescheid und wie man sie nach dem Sonnenstand ermitteln konnte. Und sein Orientierungssinn – jener Sinn also, der dem Herrn Weber abging – sowie eine grobe Kenntnis der österreichischen Geografie sagten ihm, dass, wenn man nur konsequent von hier aus nach Norden führe, man letztlich auf das Ufer der Donau stoßen musste. Und dann rechts.

Und mit eben diesem Geheimwissen gedachte er sich für die Navigation unentbehrlich zu machen und mitgenommen zu werden. So sagte er dann auch: „Das ist jetzt zwar ein bisserl kompliziert zu erklären, aber wenn S' mich mit nach Wien nehmen würden – ich muss auch da hin –, könnt' ich Ihnen den Weg schon zeigen." Diese Variante für die hoffentlich letzte Etappe seiner Reise war der des Wartens auf den Postbus eindeutig vorzuziehen. „Weber!" Der so gerufene und wohl durch ein Handzeichen seines hohen Herrn instruierte Chauffeur stieg aus, um dem Onkel die linke hintere Tür aufzuhalten. Bedeutete ihm damit, dass er einsteigen solle. Der ließ sich das nicht zweimal sagen, ging um das Heck des Wagens herum und nahm im Fond Platz. Mit den Worten „Schleindinger, Minister, angenehm" streckte ihm sein neuer Sitznachbar die Hand zum Gruß hin. Der Onkel Franz ergriff sie und stellte sich seinerseits vor, während der seinen Arbeitsplatz wieder eingenommen habende Herr Weber anfuhr.

Hatte er es also tatsächlich mit einem waschechten Minister zu tun, da schau her! Welches Ressort dieser innehaben mochte, war ihm aber beim besten Willen nicht erinnerlich. Obwohl er in diesen Dingen nicht uninformiert war. Doch das Ministerkarussell drehte sich in letzter Zeit wieder einmal so schnell, dass man diesbezüglich auch als passionierter Zeitungsleser – und wie wir wissen, ist der Onkel Franz ein solcher – nicht immer auf dem Laufenden sein konnte.

„In Linz waren wir und in St. Pölten", nahm der Staatsmann das Gespräch auf, „bei den Landeshäuptlingen, und jetzt, nach einem kleinen Abstecher zu den Weinbauern, geht's wieder zurück nach Wien. Da sitzt auch noch einer." Sehr leutselig, der Herr Minister, dachte der Onkel, und glaubte dabei Anzeichen wahrzunehmen, dass beim Weinbauern wohl auch ordentlich verkostet worden war. Der Atem seines Nebenmannes und auch dessen Gesichtsrötung legten dies nahe.

Im Folgenden entspann sich eine Unterhaltung zwischen dem Onkel Franz und dem Herrn Minister Schleindinger, die nur ab und an durch Anweisungen unterbrochen wurde, welche der Onkel dem Herrn Weber bei Weggabelungen oder Kreuzungen zu geben hatte. Woher er denn käme, was ihn nach Wien führe, wurde er gefragt und weiter, was ihn dabei an die abgelegene Bushaltestelle verschlagen hatte. Der Onkel gab über all das Auskunft, über den Zweck seiner Reise und die Widrigkeiten seiner Odyssee. Nahm die Beileidswünsche des Politikers zum Tode des entfernten Verwandten Hubert entgegen sowie auch dessen Ansicht, dass man dennoch von einem glücklichen Zusammentreffen der Umstände sprechen könne. Dass – so tragisch ein Todesfall auch immer wäre – diese Tatsache sowie auch das Versäumen verschiedener Anschlusszüge eben dazu geführt hätte, dass er, der Onkel, quasi als Retter erschienen wäre in der Not des digitalen Totalversagens, welche ihn, den Minister, getroffen habe, der er zudem noch mit einem Chauffeur, dem Herrn Weber nämlich, geschlagen wäre, dessen Orientierungssinn ähnlich unterentwickelt sei wie die Demokratie in Nordkorea, nicht?

Nach diesen für einen Politiker anscheinend unvermeidbaren Schachtelsätzen war er warm geworden. Die diversen Achterl Wein des Vormittags, welcher der Onkel Franz ihn verdächtigte, trugen wohl auch ihren Teil dazu bei, dass der Herr Minister dem an sich Fremden auskunftsfreudig über den Zweck seiner Dienstreise zu erzählen begann.

„Das Wachstum ist in Gefahr!" Theatralisch hob er den Zeigefinger an die gerötete Nase. „Von Unternehmerseite wird zwar alles getan. Die Produktion mittels Automatisierung erhöht, Personal abgebaut, Kosten somit reduziert, Abläufe optimiert. 4.0, Sie verstehen? Dadurch steigen die Gewinne, alles prima. Noch. Aber", der Politiker unterbrach sich selbst mit einem dezenten Rülpser, „was nicht kalkuliert wurde: Personalabbau erzeugt steigende Arbeitslosigkeit. Warum macht uns das Sorgen? Ich sag' es Ihnen. Weil zu befürchten steht, dass uns dadurch in Zukunft die Konsumenten ausgehen, ein echtes Problem. Daher hat das Ministerium für Wirtschaft und Soziales, dem ich vorstehe, beschlossen, diesem Dilemma aktiv beizukommen."

Der Onkel war sprachlos. Hatte man tatsächlich die Ressorts des Wirtschafts- und Sozialministeriums zusammengelegt und jenem Herrn, der da neben ihm saß, übertragen? Wann war das geschehen, warum war ihm das entgangen? Und war man wirklich überrascht worden von der Tatsache, dass Personalabbau zu steigender Arbeitslosigkeit führen konnte? Er wünschte sich, Albert Marx wäre anwesend, würde den Minister auf seine charmante Art auf ein paar Zusammenhänge hinweisen. Selbst hatte er gerade auch gute Lust dazu, ließ es aber bleiben. Zu neugierig war er auf die Lösungsansätze des hohen Herrn. Und die wurden auch umgehend geliefert. Der

Gute war wohl tatsächlich nicht ganz nüchtern, anders war nicht zu erklären, dass er sich derart mitteilsam zeigte.

„Bedingungsloses Grundeinkommen. Sofort. Und für alle. Genial, nicht?“ Er sah den Onkel beifallheischend an. „Wer nicht arbeitet, soll wenigstens konsumieren. Hat ja Zeit dazu. Und dafür braucht er Geld. Das wir ihm geben. Das Wachstum bleibt in Schwung, der soziale Friede ist gewährleistet, alle sind glücklich!“ Wie es schien, glaubte der Mann, was er da sagte. Der Onkel Franz war erschüttert. Der Essenslieferdienst, mit dem ihn seine erste Reisebekanntschaft vertraut gemacht hatte, kam ihm wieder in den Sinn und seine damit verbundene Vision von Menschen, die ihre Wohnung nicht mehr verlassen mussten, da für regelmäßige Fütterung gesorgt war und auch sonst alles im Netz Bestellte frei Haus geliefert wurde.

Und als hätte der Herr Minister diesen Gedanken erraten, fuhr er fort. „Nach Deckung der Grundbedürfnisse Wohnen und Essen muss die Priorität beim Konsum liegen, vollkommen klar. Meinen Sie nicht?“ Der Onkel antwortete mit einer Gegenfrage. „Und wenn die Leute das Geld, das sie bekommen, jetzt nicht ausgeben? Sparen, spenden, anzünden, was weiß ich?“ – „Sehen Sie, genau diese Frage hat uns auch beschäftigt“, der Politiker lehnte sich zurück, „aber die Lösung ist ganz einfach. Weg mit dem Bargeld! Die technische Basis dafür haben wir eh schon lange. Jetzt ziehen wir's durch. Unser Konsument bekommt eine Art Shopping-Card. Und wofür das Guthaben darauf auszugeben ist, lässt sich ja definieren, nicht? Das bestimmen wir. Wenn wir auf diese Art den Konsumstrom lenken können, wird ein viel höherer wirtschaftlicher Effizienzgrad erreicht. Ergo: Wachstum. Und das muss ja wohl erste Priorität haben, nicht?“

Der Onkel Franz konnte nicht glauben, was er da hörte. Wollte lautstark protestieren gegen diesen offenkundigen Blödsinn. Er entschied sich jedoch dagegen und beschloss stattdessen, der

Redseligkeit seines Sitznachbarn ihren Lauf zu lassen, um noch mehr zu erfahren. Er gab sich unbedarft. „Ja geht denn das? Gesetzlich, mein' ich?"

Der Minister für Wirtschaft und Soziales öffnete die vor ihm eingebaute Minibar und genehmigte sich einen Cognac. Bot auch dem Onkel einen an, der lehnte ab. Nach einem ausgiebigen Schluck aus dem geschliffenen Glas antwortete er. „Ein paar kleine Verfassungsänderungen bräucht's da schon. Aber das machen wir öfter. Man benötigt halt Mitstreiter, Fürsprecher. Deshalb bin ich ja heute auf Tour. Um die Herren Länderchefs zu erinnern: Wir dürfen schließlich eines nicht vergessen, dass wir letztendlich eine Partie sind.[4] Dann sollt's sich schon ausgehen mit der Zweidrittelmehrheit."

Der Onkel Franz war vom eben Gehörten derart in Anspruch genommen worden, dass ihm erst jetzt, bei einem zufälligen Blick aus dem Fenster auffiel, dass der Herr Weber – wohl mangels weiterer Anweisungen – schon geraume Zeit nach Osten fuhr. An sich nicht verkehrt, wenn man nach Wien wollte. Wie wir aber wissen, hatte der ursprüngliche Plan des eigentlich ortsunkundigen Onkels – um eben diese Tatsache zu verschleiern – jedoch vorgesehen, so lange gen Norden vorzustoßen, bis das Ufer der Donau in Sicht käme. Und dann – wie gesagt – rechts. Am blauen Band des Stromes entlang sich hantelnd, würde man unweigerlich die Bundeshauptstadt erreichen. Doch nun war man irgendwo auf kurvigen Landstraßen im Niederösterreichischen unterwegs und der Onkel war drauf und dran, seine Unwissenheit einzugestehen und diese Beichte mit einer ungeschminkten Replik auf den wirtschaftspolitischen Schwachsinn des Ministers zu verbinden.

---

4 Der Herr Minister sagte Partie, nicht Partei. Und zitierte mit diesem Satz auch – wohl unwissentlich – den Abgeordneten zum Nationalrat Bröschl. Die von Helmut Qualtinger gespielte Hauptfigur der 1970 nach Carl Merz verfilmten Satire „Passion eines Politikers".

Es war ihm nämlich schon länger nicht wohl dabei, dass der offensichtlich angetrunkene Spitzenpolitiker da neben ihm davon ausging, er teile dessen Ansichten. Der Onkel ist es gewohnt, mit seiner Meinung nicht hinterm Berg zu halten. Das gilt insbesondere bei Themen, die elementare Werte betreffen, Überzeugungen kategorischer Natur. Hier war es ihm schon immer wichtig gewesen, sich treu zu bleiben. Im aktuellen Fall der nur als asozial zu bezeichnenden Anschauungen des Herrn Ministers Schleindinger hatte er sich sein langes Schweigen dazu mit dem Argument legitimiert, mehr in Erfahrung bringen zu wollen, den Mann erst einmal reden zu lassen. Der Onkel verdächtigte sich selbst jedoch – zumindest zum Teil –, dass ihn dabei auch ein gewisser Opportunismus geleitet haben könnte. Nämlich der, dass die Gefahr bestünde, bei freier Meinungsäußerung die komfortable Mitfahrgelegenheit zu verlieren. Er unterzog diesen Verdacht einer schnellen, internen Überprüfung und kam zu dem Ergebnis, dass er wieder einmal zu streng mit sich selbst gewesen war.

Dennoch, es war nun die Zeit gekommen, da Widerspruch angebracht war. Er setzte an, kam aber nicht zu Wort, denn der Politiker rief gerade aus: „Na, was sag' ich, Sie sind ein Genie! Gleich sind wir an der Donau!" Der Grund seiner Freude – er wies den Onkel mit einem Fingerzeig darauf hin – war ein Straßenschild. Nämlich eines, welches angab, dass Zwentendorf drei Kilometer voraus lag. „War noch nie dort", schwadronierte der Minister munter weiter, „aber weiß man ja, Atomkraftwerk, Kreisky, erste Grüne und so weiter. Und liegt an der Donau, natürlich. Kühlwasser und so. Dann ist es nach Wien auch nicht mehr weit! Na, was sagen S', Herr Weber, da können S' noch was lernen von dem Mann!"

Drei Kilometer. Der Onkel Franz überlegte. Das halt' ich gerade noch aus. Aber dann muss ich raus aus der Staatskarosse, keinen Moment länger ertrag' ich diesen Kerl! Und Zwentendorf, meinte er sich zu erinnern, liegt auf der Strecke der S-Bahn, die er ursprünglich nehmen wollte. Sein Entschluss stand fest, in Kreiskys Waterloo wird umgestiegen!

*

Es sollte aber dann doch noch etwas anders kommen. Knapp vor Erreichen des Ziels, dem Ortskern von Zwentendorf, wurde der Herr Minister eines weiteren Hinweisschildes gewahr. Eines, welches bei Linksabbiegen die Möglichkeit in Aussicht stellte, zum nie in Betrieb gegangenen Atomkraftwerk zu gelangen. „Weber, links", rief er denn auch aus, „das schaun wir uns an!" Und zum Onkel Franz: „Macht Ihnen nichts aus, gell? Aber wenn wir schon mal hier sind. Hab' neulich was über diesen Kasten auf meinem Schreibtisch gehabt, weiß nicht mehr genau, worum's da ging. Würd' mir aber das Millionengrab vom Bruno schon gern ansehen."

Dem Onkel passte dieser Abstecher gar nicht. Konnte er es doch schon nicht mehr erwarten, sich von seiner aktuellen Reisebegleitung zu trennen und im Ort die S-Bahn zu besteigen. Bei der Tante sollte er sich auch baldigst melden, sie würde inzwischen wahrscheinlich schon damit begonnen haben, sich Sorgen zu machen. Doch jetzt hier an der Weggabelung auszusteigen würde auch nichts bringen. So ergab er sich seinem Schicksal und stimmte der Besichtigung des Bauwerks brummend zu.

Nach wenigen Minuten war das Areal des steingewordenen österreichischen Eigensinns erreicht. Es lag unmittelbar am Donauradweg und entzückte den Bundespolitiker über die Maßen. „Was für ein Anblick", rief er aus, „finden Sie nicht, Herr Franz?" – „Na ja", meinte der Angesprochene, „schön ist schon was anderes." – „Ach was, schön", der Minister wackelte nachsichtig mit dem Kopf, „ich mein' ja mehr von wegen geschichtsträchtig, politisch-ökologisch und so weiter, verstehen Sie?" Der Onkel konnte die Euphorie seines Nebenmannes nicht nachvollziehen. Ein Betonklotz, ein grauslicher mit einem Schornstein war es und für ihn auch auf den ersten Blick nicht als Atomkraftwerk identifizierbar. Man dachte da ja eher an jene merkwürdigen Kühltürme, meistens zwei Stück nebeneinander, die Architektur dieser österreichischen Variante war da schlichter.

Was allerdings architektonisch durchaus auffiel – und zwar durch den Kontrast zum AKW –, war das Gebäude davor. Da befand sich doch tatsächlich eine aus altem Holz gezimmerte Berghütte mit dazugehöriger Terrasse unmittelbar vor dem Industriebau und warb mit aufgestellten Tafeln für Apfelstrudel und Essigwurst. Das weckte nun nicht nur das Interesse, sondern auch erneut ein Hunger- und Durstgefühl beim Onkel. Das Paar Würstel in St. Pölten hatte seine sättigende Wirkung schon des Längeren eingebüßt und so war er mit dem Abstecher hierher wieder einigermaßen versöhnt.

Ohne sich noch groß mit Worten des Dankes und der Verabschiedung in Richtung des Herrn Ministers aufzuhalten, stieg er – der Herr Weber hatte bereits eingeparkt – aus der Limousine. Nahm seine Tasche an sich und setzte seinen Hut auf. An dessen Rand tippend, wendete er sich dann doch noch einmal um und sprach: „Also dann, auf Wiederschaun." Er war der Meinung, dies sei ausreichend, um einem Mindestmaß an Höflichkeit Genüge zu tun. Dass er ohnehin bereits Anstand genug gezeigt hätte, indem er darauf verzichtet hatte, dem Minister seine Meinung zu dessen auf der Fahrt geäußerten Blödheiten entgegenzuhalten.

Dementsprechend verblüfft blickte ihm dieser dann auch nach, als der Onkel der Terrasse zustrebte. Der gerötete Kopf des Politikers wackelte dabei noch immer. Dies und der etwas geöffnete Mund verliehen ihm einen leicht ungläubigen Ausdruck. Wohl einer Ungläubigkeit darüber, als einer der höchsten Repräsentanten dieses Staates von diesem mehr als einfachen Bürger derart ehrfurchtslos stehen- beziehungsweise sitzengelassen zu werden. Lediglich im

Gesichtsausdruck des Herrn Weber – der Onkel nahm diesen aus den Augenwinkeln noch wahr – schien ein Anflug von Sympathie und Belustigung aufzublitzen.

7

Als der Onkel Franz an einem der einfachen Tische auf der Terrasse der Bärndorferhütte – so der Name der Ausflugsrestauration – Platz genommen hatte, begann er die Jausenkarte zu studieren. Eine einer langjährigen Gewohnheit geschuldete Alibiaktion. Dem Onkel stand der Gusto sowieso nach der ausgelobten Essigwurst. Schon drei Tage war es her, da er die letzte zu sich genommen hatte, eine für einen Innviertler ungewöhnlich lange Abstinenz. Zu diesem Gedanken gesellte sich der, ob denn hier tief im Niederösterreichischen die Speise auch dem gewohnten heimatlichen Standard entsprechen würde.

Selbst im Innviertel gehen die Meinungen über die fachgerechte Herstellung einer traditionellen Essigwurst oft weit auseinander. So stehen sich schon bei der Auswahl der richtigen Grundzutat, der Knacker, zwei Lager gegenüber. Strittig ist hier der Punkt, ob die Wurst weiße Speckeinschlüsse aufweisen dürfe oder nicht. Eine dritte, durchaus vernachlässigbare Fraktion favorisiert gar die Verwendung fein aufgeschnittener Extrawurst. Ein Unding. Womöglich noch in Streifen! Davon können wir uns also getrost ab- und der Knacker – der Onkel bevorzugt jene ohne Speck – wieder zuwenden. Und der Frage, wie dick oder dünn diese aufgeschnitten gehört, um zur Essigwurst zu taugen.

Um es gleich vorwegzunehmen: Einskommafünf Millimeter ist hier die einzig wahre Stärke. Einer wäre zu wenig, zwei bereits zu viel, da war sich der Onkel Franz sicher. Wie auch bezüglich seiner persönlichen Vorliebe, die für das Gericht benötigte Zwiebel betreffend. Weiß oder rot war hier die Frage, und die Anhänger der roten Fraktion sind ihrer nicht wenige. Der Onkel gehört nicht dazu. Und genauso wenig wie er die mildere, rote Zwiebel akzeptiert beim sommerlichen Leibgericht, kann er nachvollziehen, dass manche diese auch noch klein gewürfelt schneiden. In ganzen Ringen – auch nicht in halben – gehöre die Zwiebel auf dem Teller mit der Wurst in abwechselnder Überlappung aufgelegt, wobei diese in der Stärke jener der Knacker ähneln sollten.

Darüber dann eine Marinade aus Hesperidenessig, Sonnenblumenöl, Wasser, Salz und Pfeffer. Nicht mehr und nicht weniger. Keine anderen Gewürze, keinen Zucker und auf gar keinen Fall Kürbiskern- oder gar Olivenöl! Auch sollte das Gericht nicht in allzu tiefen Tellern serviert werden, schon gar nicht schwimmend in Schüsseln. So sieht es zumindest der Onkel Franz. Der damit einer im Innviertel stark vertretenen Gruppe von Essigwurst-Puristen angehört, bei welcher auch die für das Auge durchaus schmückenden und auch für den Gaumen nicht unangenehmen Sonderbeilagen verpönt sind. Die Rede ist hier von wachsweich gekochten, längs geviertelten Eiern, von Tomaten, Gurken, rotem Paprika oder gar Käsestreifen. Mag – wie gesagt – hübsch aussehen und durchaus schmackhaft sein, hat aber mit einer Essigwurst ungefähr so viel zu tun wie der Onkel mit dem Opernball.

Bliebe noch die Frage des dem Gericht beigelegten Gebäcks zu erörtern. Hier ist der Onkel Franz situationselastisch. Je nach Verfügbarkeit akzeptiert er Schwarzbrot in Scheiben, eine Semmel oder ein Salzstangerl, Letzteres ist ihm am liebsten. Nur ganz frisch muss es sein, Gleiches gilt beim Schwarzbrot. Beim Semmerl verhält es sich anders, das darf auch vom Vortag sein. Warum dem so ist, bleibt unerklärt, so wie auch viele andere Gewohnheiten und Abneigungen des Onkels mehr emotionalen denn rationalen Mustern folgen. Ist halt so.

Mitten in diese Betrachtungen hinein trat nun ein freundlicher junger Mann an seinen Tisch, um die Bestellung aufzunehmen. Ohne zu überlegen, wurde ein Bier geordert und kalter Schweinsbraten mit Senf und Kren. Den Onkel Franz hatte, während er über die ideale Essigwurst reflektierte, der Mut verlassen, das Risiko einzugehen, selbige zu bestellen. Was, wenn ihm danach anderes vorgesetzt worden wäre, als er es vom heimatlichen Stammtisch oder von der Tante zu Hause gewohnt war? Das mag jetzt ein kapriziöses Licht auf den Onkel werfen, sei's drum. In manchen Dingen versteht der Innviertler eben keinen Spaß.

*

Die Tante! Es war nun schon fast ein Uhr nachmittags und ein Anruf daheim nicht mehr hinauszuschieben. Man musste Rapport geben über die Ereignisse, die dazu geführt hatten, dass er immer noch nicht in Wien angekommen war, dass eine veritable Odyssee aus der einfachen Zugreise geworden war. Natürlich würde man nicht alle Details auflisten, nicht jede Etappe erwähnen. Anschlusszug verpasst, lange Wartezeit auf den nächsten, schlechte Verbindung, daher auf Lokalbahn ausgewichen. Das sollte als Erklärung für die ungewöhnlich lange Reisedauer reichen und die Tante nicht unnötig beunruhigen. Der Onkel Franz verheimlichte seiner Frau selten bis nie etwas. Man muss ihm zugute halten, dass einzig die Motivation, sie könne sich andernfalls Sorgen machen um ihren Gatten, ihn hier antrieb. Sobald der Kellner das Bestellte bringen würde, wollte der Onkel um ein Telefon fragen und den längst überfälligen Anruf tätigen.

Während er darauf wartete – nachdem er seinen Beschluss gefasst hatte, schien dies unendlich lange zu dauern –, wurde seine Aufmerksamkeit von einem der Gäste geweckt, welcher zwischen den Tischen auf und ab gehend seinerseits ein Telefonat führte. Und zwar in einer Lautstärke, die dazu angetan war, den ganzen Gastgarten an dessen Inhalt teilhaben zu lassen. Der Mann war vom Alter her schwer einzuschätzen. Obgleich er wohl deutlich über dreißig sein mochte, war er im Stil derjenigen Jugendlichen gekleidet, die der Onkel von zu Hause kannte.

Denn da gibt es zwischen seiner Wohnstätte und seinem Stammwirtshaus ein Areal, das „Skater-Park" genannt wird. Die Gemeinde hatte es auf Wunsch der Jugendlichen eingerichtet und nun treffen sie sich dort, um aus großen, mitgebrachten Radios ihre Sprechmusik zu hören und mit ihren Skateboards waghalsige Kunststücke zu trainieren. Der Onkel Franz bleibt dann oft an der Einzäunung stehen und sieht ihnen dabei kurz zu. Ihm gefällt das. Nein, eigentlich gefällt ihm weder Musik noch Sportart – so es sich dabei um eine solche handeln sollte – nein, ihm gefällt die Tatsache, dass man den Jugendlichen ansieht, wie sehr sie in ihrem Element sind. Der Onkel ist, so konservativ er nach außen scheinen mag, Anhänger einer äußerst liberalen Denkungsweise. Jedem die Art seiner Kleidung, seiner Freizeitbeschäftigung und vor allem die Art seiner Weltanschauung zu lassen ist seiner Meinung nach unabdingbare Notwendigkeit menschlichen Gemeinwesens und Zusammenlebens.

Der Telefonierende war also genau wie die jungen Skater gekleidet. Weite Hosen mit Außentaschen, im Bund sehr tief getragen, sodass der bunte Rand der darunter befindlichen Boxershorts zutage trat. T-Shirt mit Aufdruck – in diesem Fall Buchstaben in verschiedenen Farben –, darüber ein offenes, kariertes Hemd. Die linke Hand in der Hosentasche, die rechte am Ohr, bewegte er sich also einmal von des Onkels Tisch weg, dann wieder darauf zu. „Zu teuer", sprach er dabei ins Telefon, oder „idealer Standort". Auch „der hat keine Ahnung" und „das werden wir dann schon sehen" waren Wortfetzen, die der Onkel aufschnappte. Nach einem „dann sorgst du eben dafür" beendete der Mann das Gespräch und der Zufall wollte es, dass er dabei direkt vor dem Tisch des Onkel Franz zu stehen kam, sogar etwas dagegen stieß. „Tschuldigung", sprach er ihn dann auch an, „war wichtig." Dabei lächelte er.

Der Onkel ergriff die Gelegenheit und antwortete: „Schon gut. Aber ich hätt' auch ein wichtiges Gespräch, aber leider kein Telefon. Sagen Sie, könnt' ich Ihres kurz ausleihen?" – „Aber gern", gab der noch immer Lächelnde zurück, „bitte sehr." Und er reichte ihm sein Gerät, ein ähnliches, wie es der Onkel bereits auf der ersten Etappe seiner Reise beim Lehrling gesehen hatte. „Und wie wählt man da?" Dem jungen Mann im karierten Hemd war wohl klar, dass er hier einen Neuling in Sachen Smart-Telefonie vor sich hatte. Er setzte sich nach einem kurzen „Darf ich?" neben den Onkel auf die Bank. Tippte und wischte etwas auf dem großen Display herum und wies auf das nun erschienene Tastenfeld. „Jetzt können Sie wählen, aber mit Vorwahl, gell." Der Onkel Franz nickte ihm dankend zu und gab etwas unbeholfen die heimatliche Nummer ein. „Und jetzt den grünen Hörer." Auch diese Anweisung befolgte er wie auch die, das Gerät nun ans Ohr zu halten. Welche der andere pantomimisch anzeigte, indem er kleinen Finger und Daumen seiner rechten Hand abspreizte und zum Kopf führte. Als ein „Ja, ich bin's" des Onkels anzeigte, dass der Verbindungsversuch erfolgreich war, zog sich der Mann – Diskretion andeutend – ans andere Ende der Sitzbank zurück.

Das Gespräch mit der Tante fiel herzlich, aber kurz aus. Herzlich, weil beide Eheleute sich freuten, voneinander zu hören sowie zu erfahren, dass es dem jeweilig anderen gut ginge, und kurz, weil die Generation des Onkels daran gewöhnt war, Ferngespräche möglichst knapp zu halten. Es war üblich, die Höhe seiner Telefonrechnung im Auge zu haben, und außerörtliche Gespräche waren zu Zeiten des Festnetzes der Post eine teure Angelegenheit. So beendete der Onkel das Telefonat auch schnell wieder, sobald er der Tante die notwendigen Informationen, sein Wohlbefinden und den aktuellen Status seiner Reise betreffend, mitgeteilt hatte. Nachdem er auch noch gut gemeinte Ratschläge zur Vermeidung von Zugluft, Sonnenstich und anderen Gefährdungen entgegengenommen hatte, glaubhaft versichern konnte, auf sich aufzupassen und gesund wiederzukommen, zudem in Aussicht gestellt hatte, sich nun regelmäßiger zu melden, nachdem er also all dies zur Beruhigung seiner Frau versprochen hatte, legte er auf.

Ein Terminus, der noch aus der Zeit stammte, da man tatsächlich am Ende eines Telefonates den Hörer auf die Gabel legte. Hier nun aber reichte ein Tippen auf das Symbol mit dem roten Hörer, um die Verbindung ins Innviertel zu unterbrechen. Der Besitzer des Smartphones war, um ihm dies mit einem Fingerzeig anzudeuten, herangerückt und nahm sein Gerät nun wieder an sich. „Und, alles in Ordnung?", fragte er freundlich. „Passt schon", gab der Onkel zurück, „danke fürs Leihen. Darf ich Sie dafür auf ein Getränk einladen?" Der junge Mann akzeptierte und der Kellner, der eben des Onkels Bestellung brachte, wurde mit einer weiteren – nämlich der über ein großes Soda-Zitrone – beauftragt.

Das war nun der Zeitpunkt, da der Mann es für angebracht hielt, sich vorzustellen. „Harry. Harry Deutsch. Heiße aber nur so, bin schon Österreicher. Und Sie?" Seinen Vornamen sprach Herr Deutsch „Härry" aus, also eher amerikanisch. Der Onkel gab nun seinerseits Namen und Wohnort an und – auf weiteres Nachfragen – auch eine ganz allgemein gehaltene Information zum Grund seines Hierseins. „Ach so, auf dem Weg nach Wien und eher zufällig hier Station gemacht? Nach Wien muss ich dann demnächst auch, aber hier bin ich schon absichtlich. Geschäftlich sozusagen." Harry Deutsch hielt die Unterhaltung im Plauderton am Laufen, machte auf den Onkel Franz einen sehr offenen und freundlichen Eindruck. Etwas aufgekratzt vielleicht, aber nett. Was den Onkel dazu veranlasste, höflichkeitshalber nachzufragen. „Aha, geschäftlich. Aber doch nicht wegen dem Atomkraftwerk?" Eine scherzhafte Bemerkung, dazu angetan, eine lockere Gesprächsatmosphäre entstehen zu lassen. „Woher wissen Sie?", war die Antwort. Wohl auch ein Scherz.

Aber weit gefehlt, Herr Deutsch, der den Onkel zwar noch immer mit fröhlichen Kinderaugen ansah, meinte es ernst. „Hab' ja gerade mit einem meiner Partner telefoniert, der den Kontakt mit der EVN gemacht hat. Denen gehört der Kasten. Noch." Nach einem

Schluck von seinem mittlerweile servierten Soda fuhr er fort. In der Folge war ein weiteres Nachfragen des Onkels gar nicht mehr nötig, Harry Deutsch war anscheinend tatsächlich – wodurch auch immer – etwas euphorisiert und nicht unglücklich, einen Zuhörer für seine Geschichte gefunden zu haben. Seine Augen glänzten, während er berichtete. Vom Onkel Franz wurden diese Ausführungen nur ab und zu von einem „Aha" oder „Allerhand" mehr begleitet als unterbrochen.

„Ein Rechenzentrum, wie es Österreich in dieser Kapazität noch nicht gesehen hat, werde ich hier errichten. Wenn ich das Ding da", er deutete mit dem Daumen hinter seine Schulter, „gekauft habe. Sollen froh sein, wenn sie's los sind. Hat ja so keinen Wert mehr, für mich aber schon. Ideal für meine Rechner und Server. Wasserentnahmerecht aus der Donau ist im Kaufpreis mit enthalten. Wegen der Kühlung, verstehen Sie?" Der Onkel verstand nicht, nickte dennoch. „Und die Rechenleistung, die ich für mein Poodle-Projekt brauche, die ist gigantisch, glauben Sie mir."

Pudel? Wollte der Mann Hunde züchten im AKW? Und was gab's da zu rechnen? Der Onkel wollte diese Fragen schon stellen, Herr Deutsch war schneller. Detailliert begann er dem ihm völlig Fremden seine Pläne darzulegen. Der Onkel Franz war nicht versiert in diesen Dingen, dennoch wurde ihm langsam klar, dass die kindlich strahlende Laune seines Gegenübers und die glänzenden Augen mit den großen Pupillen wohl nicht vom Soda-Zitrone herrühren konnten, Herr Deutsch hatte vielleicht vor Kurzem auch an anderen Substanzen geschnuppert. Weshalb wohl auch derart die Fantasie mit ihm durchging, das Ganze klang mehr als unwahrscheinlich.

„Wissen Sie, ich bin Visionär", fuhr er also fort, „und keiner außer mir hat wohl erkannt, wie schnell wir Poodle brauchen werden. Denn sehr bald wird keiner mehr sein Haus verlassen müssen, um einzukaufen. Waren aller Art werden im Netz bestellt und frei

Haus geliefert: Kleidung, Haushaltswaren, Unterhaltungselektronik sowieso und auch Nahrung. Alles. Und wie soll das bitte funktionieren ohne landesweite Logistik? Wer soll das, nein, wer kann das machen? Genau! Mein Poodle!" Dabei öffnete er mit beiden Händen sein ohnehin offenes Hemd noch etwas mehr, sodass der Onkel freien Blick auf das Logo hatte, welches das T-Shirt zierte.

Die Buchstaben in verschiedenen Farben – blau, rot, gelb und grün –, war da eben jenes Wort „Poodle" zu lesen. Dem deutschen Wort Pudel phonetisch und wohl auch in der Bedeutung gleich, ging es aber, wie es schien, dennoch nicht um die besagte Hunderasse. Noch bevor der Onkel Franz diesbezüglich eine Frage formulieren konnte, fuhr Harry Deutsch fort, auf des Pudels Kern zu kommen. „Diese Paketlieferdienste, aus dem letzten Jahrhundert! Stinkende Dieselkutschen, gesteuert von ineffizienten, überforderten Fahrern. Von deren Ausbeutung gar nicht zu reden. Nicht besser die total überholte Art der Essenszustellung. Da tummeln sich auch viel zu viele Anbieter, vollkommen unkoordiniert. Aber das wird jetzt alles anders. Macht in Zukunft alles nur noch Poodle. Und zwar fahrerlos. Selbstfahrende Paket- und Essenslieferdrohnen, landesweit vernetzt und gesteuert von meinem Rechenzentrum hier in Zwentendorf! Na, was sagen Sie?"

Der Onkel war tatsächlich sprachlos. Er hatte während der ganzen Ausführungen immer mehr mit offenem Mund zugehört und dabei auch völlig auf Jause und Bier vergessen. Mittlerweile war er davon überzeugt, dass es Herr Deutsch ernst meinte. War der Mann wahnsinnig? Drohnen? Das Haus nicht mehr verlassen? Automatische Fütterung des mit bedingungslosem Grundeinkommens-Einkaufskarten ausgestatteten Konsum-Viehs? Instinktiv rieb er sich die Hände, mit denen er zuvor das Telefon des anderen berührt hatte, an seiner Hose. In seinem Kopf begann sich eine geeignete Antwort für Herrn Deutsch und seinesgleichen zu formulieren, aber noch bevor diese ihren Weg zu seinem Mund finden konnte, hatte Mister Poodle sein Wasser ausgetrunken und war aufgestanden. „So, das war jetzt ein sehr interessantes Gespräch mit Ihnen, hat mich echt gefreut."

Er streckte sich, ähnlich wie es der Onkel Franz nach seinem Mittagsschläfchen zu tun pflegte. „Jetzt muss ich aber, es gibt noch viel zu tun und da drüben seh' ich gerade einen alten Freund. Danke für das Soda und gute Reise!" Jugendlich locker hüpfte er über die Stufen der Terrasse Richtung Parkplatz, nicht ohne dem Onkel noch mehrmals zuzuwinken. Oder galt das Winken bereits dem „alten Freund", welchem von Herrn Weber gerade die Tür seiner schwarzen Limousine zum Einsteigen aufgehalten wurde?

8

Der Onkel Franz hatte sich – wenn auch begleitet von wiederholtem Kopfschütteln – dann doch noch über das kalte Schweinerne hergemacht und sich dieses wie auch sein Bier schmecken lassen. Die Qualität des Fleisches war gut und die Jause nett angerichtet. Auch der Gerstensaft mundete, wenngleich von einer niederösterreichischen Marke, welche zu Hause im Innviertel kaum Verbreitung fand. Und wenn der Onkel sich auch beim Genuss von Speis und Trank ungern von düsteren Gedanken ablenken ließ, der Ausblick auf eine Zukunft, welcher ihm gerade noch zuteil geworden war, schob sich immer wieder in den Vordergrund seiner Gedanken. Daher das Kopfschütteln. Eine Weile reflektierte er noch darüber, um das Thema dann aber letztlich wegzupacken, in einem bestimmten, für Derartiges reservierten Bereich seines Gehirns abzulegen.

Seine Überlegungen wandten sich nun wieder der aktuellen Situation zu. Dabei stellte sich die Frage, wie man vom Areal des nie in Betrieb gegangenen Atomkraftwerks am besten nach der eigentlichen Ortschaft Zwentendorf und dem dort gelegenen Lokalbahnhof gelangen könnte. Eine wahrscheinlich größere Summe für ein Taxi auszugeben widerstrebte dem Onkel, Busverbindung gab es augenscheinlich keine. So erhob er sich denn, nachdem er seine Rechnung beglichen hatte, mit einem Seufzer, setzte den Hut auf den Kopf und griff nach der ledernen Tasche.

Etwas missmutig marschierte er den Weg, welchen er bei der Herfahrt im Dienstwagen des Herrn Ministers gekommen war, entlang und entfernte sich dabei zusehends vom Donauufer. Sonnenweg war der Name der kleinen Straße und deren Namensgeberin heizte dem Onkel Franz ordentlich ein. Das Gestirn besaß eine Kraft, die derart körperlich spürbar war, sodass er sich die Frage stellte, warum man nicht schon viel früher die Idee verfolgt hatte, diese Energiequelle verstärkt zu nutzen. Stattdessen waren weltweit Atomreaktoren gebaut und in Betrieb genommen und die Problematik des dabei entstehenden, hochgefährlichen Abfalls so gut wie ignoriert worden.

Während er diesen Gedanken über die Kurzsichtigkeit seiner Spezies nachhing, wurde er eines noch leisen, knatternden Motorengeräuschs hinter sich gewahr, welches stetig anschwoll und näher kam. Er blieb stehen. Wieder wurde die Reisemöglichkeit des Autostopps erwogen. Und beschlossen. Wie weit es genau noch nach Zwentendorf war, wusste der Onkel nicht wirklich, zu Fuß wäre es aber, wie er glaubte, dann doch zu strapaziös. Er drehte sich um, um herauszufinden, welches Gefährt sich ihm da näherte, denn das Knattern sollte wohl kaum von einem normalen Pkw herrühren.

Und so war es auch. Ein Traktor bewegte sich da auf ihn zu, samt Anhänger. Es handelte sich um ein schon sehr altes Modell der Marke Steyr, wie Emblem und Schriftzug an der Front der Zugmaschine verrieten. Sehr gepflegt und bestens in Schuss war der wohl etwa aus den Sechzigerjahren stammende Traktor, und der Anhänger dürfte auch ähnlichen Alters gewesen sein. Neueren Datums und augenscheinlich selbstgezimmert waren die rot gestrichenen Sitzbänke, die man längs der seitlichen Bordwände derart angebracht hatte, dass die Blicke etwaiger Passagiere einander zugewandt sein würden. Frischgebackene Maturanten sah man des Öfteren auf einem solchen Gespann johlend durch die Innenstädte ziehen sowie auch die eine oder andere Herrenausflugsrunde übers Land. Dieser Anhänger hier nun war allerdings unbemannt, lediglich auf dem einzigen Sitz des Traktors saß jemand. Ein Mann, wohl etwas jünger als der Onkel, ihm aber in Art und Statur ähnlich. Auch der Hut glich dem seinen.

Noch bevor der Onkel Franz etwas unbeholfen jene Geste ausführen konnte, die anzeigen soll, dass man um Mitnahme bittet, jene, bei welcher der Daumen der erhobenen Hand in gewünschte

Richtung gehalten wird – ein international verstandenes Zeichen wohl –, eine Haltung, die er, wie wir schon wissen, nur widerstrebend einnehmen mochte, da er sie als für sich nicht altersgerecht erachtete, kurz bevor er nun also von den Umständen gezwungen sich als Anhalter zu erkennen gegeben hätte, hatte die Zugmaschine ihn schon erreicht, das Tempo gedrosselt und war letztlich auf Höhe des Onkels stehen geblieben.

„Wollen S' mitfahren? Wo soll's denn hingehen?" Freundlich kam die Frage des Traktorlenkers und freundlich war auch sein Gesichtsausdruck. „In den Ort hinein", antwortete der Onkel, „also nach Zwentendorf, mein' ich." – „Genau mein Weg. Muss auch grad dorthin. Steigen S' auf!" Dabei klopfte der andere auf das Blech des Kotflügels neben sich. Auf diesen war eine metallene Lehne geschweißt, grün lackiert wie das ganze Gefährt. Einer von zwei Notsitzen sozusagen, über dem anderen Rad befand sich eine ebensolche Konstruktion. Sitzpolster fehlten allerdings. Nun, alles war besser, als in der Hitze weitermarschieren zu müssen, und nach der Möglichkeit, auf einer der Bänke des Anhängers Platz zu nehmen, mochte der Onkel Franz nicht fragen, dies schien ihm irgendwie unhöflich.

Wie beim Taxifahren. Nicht, dass er oft mit dem Taxi fahren würde, bei den wenigen Gelegenheiten aber, bei denen der Onkel diese Beförderungsmöglichkeit in Anspruch genommen hatte, war er auch immer wie selbstverständlich vorne neben dem Fahrer gesessen. Alleine im Fond Platz zu nehmen, fand er für sich einfach nicht angemessen. Dadurch entstünde neben der räumlichen auch so etwas wie eine soziale Distanz zum Fahrer, würde dieser auf gewisse Art zum Chauffeur der Herrschaft. Ein bisschen wie beim Herrn Weber und seinem Minister. Diese Gedanken formten sich im Kopf des Onkels nicht zu Worten, drückten sich nicht in eben geschilderter Form aus, waren aber als diffuses Gefühl vorhanden. Man könnte der Einfachheit halber auch sagen, dass er nicht gerne hinten sitzt, sich halt irgendwie blöd dabei vorkommt.

Also schickte er sich an, der Aufforderung nachzukommen und besagten Notsitz zu erklimmen. Was sich zuerst, da er es einhändig – in der anderen Hand hielt er ja seine Tasche – versuchte, als schwierig bis unmöglich herausstellte. So reichte er diese erst dem Mann auf dem Fahrersitz, der sich bereits etwas heruntergebeugt und die Hand danach ausgestreckt hatte. Dann stellte er seinen linken Fuß auf das metallene Trittbrett und zog sich, mit beiden Händen die dafür vorgesehenen Griffe benutzend, unter leisem Ächzen hoch.

Für den Onkel Franz, der zwar körperlich in annehmbarer Verfassung, aber dennoch alles andere als sportlich war, gestaltete sich dieses Manöver als äußerst kräfteraubend und die Tatsache, dass er seine Anstrengung auch noch zu verbergen suchte, nicht allzu laut aufstöhnen wollte, um sich keine Blöße zu geben, machte das Ganze nicht leichter. Dann aber – endlich – saß er. Seine Tasche wurde ihm wieder gereicht, er platzierte sie auf seinem Schoß und legte beide Arme darum. Auf gar keinen Fall wollte er riskieren, dass sie ihm während der Fahrt hinunterfallen könnte. Ein Ab- und neuerliches Aufsteigen erachtete er als schlichtweg unmöglich.

Mit einem Ruck fuhr der Traktor wieder an. Was den Onkel zu der Einsicht brachte, dass eine Hand ausreichen musste, die Tasche zu sichern, die andere wurde nun gebraucht, um ihn selbst auf dem nicht allzu komfortablen Sitz zu halten. Nachdem er die dafür optimale Handhaltung herausgefunden – er griff mehrmals um – und die Zugmaschine in ihrer Fortbewegung eine gewisse Gleichmäßigkeit erreicht hatte, konnte zwischen den beiden Hutträgern eine Konversation ihren Anfang nehmen.

„Wo geht's denn hin?" Die im Plauderton beiläufig gestellte Frage des Mannes am Lenkrad war es, die das Gespräch in Gang brachte. Und seine freundliche, gelassene Ausstrahlung, eine Gemütlichkeit, der des Onkels nicht unähnlich, war es wohl, die zwischen den beiden Männern gleich so etwas wie ein vertrautes Verhältnis entstehen ließ.

„Auf Wien muss ich, leider." – „Wieso leider?" – „Na ja, in so Erbschaftssachen halt, ist so schon nicht angenehm. Und weil ich's halt so gar nicht hab' mit der Fortfahrerei." – „Versteh'." Der andere hatte wohl tatsächlich verstanden, war wahrscheinlich ähnlich reisefaul.

Über die nähere Natur der Erbschaftssache verlangte er keine weitere Auskunft. Wenn er darüber reden will, wird er sich wohl gedacht haben, dann sagt er's eh von selber. Da braucht man nicht nachzufragen. „Aber dein Dialekt", zeigte er sich in anderer Sache dann doch etwas neugierig, „der ist jetzt nicht niederösterreichisch, gell?" Genauso zwanglos, wie das Gespräch begonnen hatte, war man zum zwanglosen Du übergegangen. Nicht ungewöhnlich auf dem Land und dem Onkel Franz auch nicht unangenehm. „Innviertlerisch", antwortete er und lockerte seinen Griff um die Lehne etwas, da das Gespann nun relativ ruhig dahinzockelte und keine Kurve in Sichtweite war. „Aber schon auch ein bisserl Bayerisch dabei, oder?" – „Obacht!" Der Onkel spielte den Entrüsteten. Als gestandener Innviertler gab er sich gern latent bavariophob und wies diese Verdächtigung vehement von sich. „So was hören wir gar nicht gern. Schon gar nicht, wenn man wie ich nah an der Grenze wohnt. Da musst du aufpassen." Diesen nicht ganz ernst gemeinten Tadel unterstrich er, indem er nach Schullehrerart mit dem Zeigefinger drohte.

Was er sofort bereute. Denn genau in dem Moment bescherte ein Schlagloch dem Traktor einen kleinen Hüpfer. Schnell wanderte seine Hand ans Gestänge zurück, um es wieder so fest wie zu Beginn zu umklammern. Der andere lachte und der Onkel stimmte ein. „Schon lang' nicht mehr auf einem Traktor mitgefahren, gell?" Eine eher rhetorische Frage des Mannes. Und nach einer kurzen Pause: „Aber sag, du bist jetzt nicht die ganze Strecke vom Innviertel nach Wien per Anhalter unterwegs, oder?" – „Nein, natürlich nicht", dem Onkel war die Frage ein klein wenig peinlich, „hab' mich halt ein bisserl verfranst unterwegs. Anschluss verpasst sozusagen. Könnt' man schon fast ein Buch drüber schreiben."

Mehr war er momentan nicht gewillt, über seine Odyssee Auskunft zu geben, er wechselte das Thema: „Aber erzähl du, wo kommst grad her, hast in der Gegend einen Hof?" – „Ja, da hinten", der Fahrer deutete mit vorhin beschriebener Anhaltergeste über seine Schulter, „ganz in der Nähe von dem AKW." – „Aha, und was baust du an, hast auch Vieh?" Einerseits trieb den Onkel Franz eine gewisse Neugier zu der Frage, andererseits wusste er aus Erfahrung, dass Landwirte gerne über die Art ihres Wirtschaftens reden. Beim aktuellen Tempo des Traktors würde es überdies auch noch geraume Zeit dauern, bis man den Ort erreicht hätte. Der Onkel hatte bis jetzt für sein Naturell schon relativ viel zur Konversation beigetragen, sodass es ihm durchaus entgegenkäme, wenn der andere nun das Gespräch übernehmen würde. Daher die Frage. Und das Kalkül ging auf, bis auf wenige, nachfragende Einwürfe des Onkels geriet der Bericht des niederösterreichischen Bauern zum Monolog.

„Bio-Schweine hab' ich, so etwa achtzig Stück. In eingestreuten Boxen dürfen die bei mir leben, wie die Rennpferde. Nicht wie sonst ‚auf Spalt', wo sie sozusagen überm eigenen Klo hausen müssen. Und anbauen tu' ich auf meinen paar Hektar nur Futter für meine Sauen, gedüngt nur mit ihrem eigenen Mist. Erhältst du zwar dann kein amtliches Bio-Siegel – angeblich zu viel Phosphate im Schweinedung –, aber das ist mir wurscht. Meine Kunden wissen auch so, dass sie bei mir nur Spitzenqualität kriegen. Doppelt so alt dürfen sie auch werden bei mir, meine Schweinderl, und dann wird stressfrei am Hof geschlachtet und verarbeitet. Kein Transport, nix. Verstehst?" Der Onkel Franz verstand. Das machte Sinn und diese Art der Regionalität kam seiner Denkungsweise ohnehin entgegen.

Auf die Frage, ob er seinen Hof schon länger so führe, setzte der Bauer seinen Bericht fort. „Das dritte Jahr erst. War die richtige Entscheidung. Hab' ich meiner Frau zu verdanken. Die ist mir damals nämlich davon. Wollt' halt nicht mehr Bäuerin sein. Ein bisserl kann ich's eh verstehen. Erst die Massentierhaltung mit den Rindviechern, dann die Hühnermast. Hab' ich alles gehabt. Aber weißt du, wenn du für den Liter Milch nur noch neunundzwanzig Cent bekommst und immer mehr und mehr produzierst, damit du davon leben kannst, und die EU diese Überproduktion aufkauft und zu Milchpulver verarbeitet, das dann in Afrika billig auf den Markt geworfen wird und dort die Strukturen zusammenhaut, so ist's nimmer lustig. Wenn du dann auch noch weißt, dass für deine Kälber, für die die Milch im Euter eigentlich bestimmt ist, die neunundzwanzig Cent auch noch zu teuer sind und sie drum aufgezogen werden mit einem Gesöff aus Milchpulver, das aus Palmfett hergestellt wird, was wiederum billig aus Indonesien und Malaysia importiert wird, dann reicht's!

Hab' ich's also mit der Hendlmast probiert. Da erspar' ich dir die grauslichen Details, wie's in so einem Stall mit achttausend Hühnern zugeht. Nur so viel: In nur fünf Wochen wird da so ein Küken bis zur Schlachtung hochgefüttert. Und weil der Europäer Brustfleischesser ist, wird der Muskel hochgezüchtet, bis das Hendl nicht mehr stehen kann. Am Schluss kann's nur noch liegen, manche sterben sowieso an Herzinfarkt. Die Schlachterei bringt dann das Brustfleisch bei uns in den Handel und den Rest verscherbeln wir wieder billigst nach Afrika. Was dort wiederum die kleinen Hendlbauern umbringt. Da kann dir dann der Appetit schon vergehn, was?"

Der Onkel Franz hatte aufmerksam zugehört und es war ja nicht so, dass das alles neu für ihn gewesen wäre. Aber in so komprimierter Form aus erster Hand berichtet zu bekommen, wie pervers mit Tieren und Nahrungsmitteln umgegangen wird, schockte ihn doch einigermaßen. „Dann kann ich ja nur hoffen", sagte er zu seiner neuen Reisebekanntschaft, „dass das Schweinerne, das ich da hinten grad gegessen hab', von dir war. Geschmeckt hat's auf jeden Fall." – „Hast

Glück gehabt", war die Antwort, „die beliefere ich tatsächlich. Ich verkauf' hauptsächlich da in der Region. Und besonders freut's mich, dass von den Viecherln, die ich jetzt hab', so gut wie jeder Teil verwertet wird." – „Ist das sonst nicht so?" Den Onkel interessierte das Thema nun immer mehr.

„Ja, schon. Verwertet wird in der Massentierhaltung auch fast alles. Aber anders. Da wird in so einem Schlachthof zuerst das Tier zerlegt und die Teile, die man gut verkaufen kann, auch noch schön zugeputzt. Die Abschnitte – Fett, Sehnen und so weiter – werden dann zusammen mit dem Separatorenfleisch fein püriert." Letzteren Ausdruck kannte der Onkel nicht, er fragte nach. „So ein Separator trennt das Restfleisch maschinell vom Knochen. Da wird zuerst beides zerkleinert und dann mit Hochdruck durch einen Zylinder mit feinen Löchern gepresst. So wird das Fleisch von den Knochenrückständen separiert. Mehr oder weniger. Ein bisserl was vom Knochen kann da schon mitgehen. Sehnen, Nervengewebe und Rückenmark sowieso. Drum hat man's nach dem BSE-Skandal bei uns ja auch verboten. Zumindest beim Rind. Jetzt wird's halt im Ausland gemacht. Da kommen dann in den faschierten Brei noch ordentlich Ammoniak und Geschmacksverstärker dazu. Anschließend presst man das Ganze zu Schnitzerl und Fleischlaiberl und wir importieren diesen Dreck dann wieder. Das bestellst du dir im Internet und lässt es dir heimliefern. Super, oder?"

Das Ende dieses Berichts versetzte den Onkel Franz geistig wieder an den Beginn seiner Reise zurück. An den Lehrbuben musste er denken, neben dem er bis Wels gesessen war und der ihn mit den Segnungen der Essenslieferdienste vertraut gemacht hatte. Und auch an seine Einkehr in St. Pölten, an die nette Kellnerin und das Paket mit den Gulaschdosen. Aus diesen Gedanken riss ihn ein leichtes Schlingern des Traktors. Der Landwirt hatte eine Kurve wohl etwas zu schnell genommen und der Onkel musste sich erneut gut festhalten, um auf seinem Sitz zu bleiben. „So, da wären wir.

Zwentendorf grüßt seine Gäste." Ein Schild mit dementsprechender Aufschrift stand am Straßenrand und hieß die beiden Männer willkommen. „Wo darf ich dich jetzt abladen? Ich muss zum Busbahnhof, passt das?" – „Mit der S-Bahn wär' ich gern gefahren", war des Onkels Antwort, „wo hält die?"

„Die S-Bahn?" Er sah ihn entschuldigend an. „Die bleibt da nicht stehen, tut mir leid." – „Und wie komm' ich dann, bittschön, weiter Richtung Wien?" Mittlerweile hatte man das Ortszentrum erreicht und das Gespann war zum Stillstand gekommen. „Da setzt du dich", der Landwirt stieg nun vom Traktor ab und bedeutete dem Onkel, es ihm gleichzutun „jetzt mit mir hinten auf den Anhänger. Da warten wir auf den Bus, der meine Leute bringt. Und der nimmt dich mit zurück nach Tulln, da kannst du dann in deinen Zug umsteigen." Wenn der Onkel Franz auch ein wenig enttäuscht war, nicht direkt vor Ort in das Beförderungsmittel der – hoffentlich – letzten Etappe seiner Reise einsteigen zu können, versuchte er sich dies nicht anmerken zu lassen.

Er kraxelte also vom unbequemen Notsitz herunter und folgte seinem Chauffeur ans hintere Ende des Gespanns. Gerade als er ein Aufsteigen verweigern, eine in der Nähe stehende Parkbank als alternativen Warteort vorschlagen wollte – diese ständige Auf- und Absteigerei wurde ihm nun doch schon etwas mühsam –, klappte der Bauer die Bordwand herunter. Hinter der ein ebenfalls runterklappbares Treppchen zum Vorschein kam. Augenscheinlich auch Marke Eigenbau. Damit war es nun ein Leichtes, den Anhänger zu erklimmen, und die beiden ließen sich auf den Bänken darauf nieder. Unter einer dieser Bänke zog der andere eine Kühlbox hervor und förderte eine Flasche Most zutage. Auch Becher waren darin und er schenkte sich und dem Onkel ein.

Nachdem sie angestoßen hatten, kam der Onkel Franz nun dazu, eine Frage zu stellen, die ihm schon zuvor in den Sinn gekommen war. „Die Arbeit im Stall mit deinen achtzig Sauen, das Ausmisten, die Feldarbeit, machst du aber nicht allein, oder?" Listig funkelten die kleinen Augen des Bauern. „Aber nein, das wär' unmöglich zu schaffen. Und bei uns mag ja auch kaum einer mehr so etwas machen. Hab' ich mir also eine neue Geschäftsidee einfallen lassen." Er nahm bedächtig einen Schluck aus seinem Becher und wartete auf Nachfrage. „Und was wär' das dann für eine Idee?" Der Onkel mochte es nicht, ein Gespräch zum Zweck der Spannungssteigerung in die Länge zu ziehen. Bei anderen. Selbst wandte er diese Technik – vorzugsweise am Stammtisch – gern und häufig an.

„Öko-Tourismus!" – „Wie bitte?" – „Öko-Tourismus. Überm Saustall hab' ich ein großes Matratzenlager gebaut. Nichts Luxuriöses, zweckmäßig halt. Dazu Gemeinschaftsbad, Essensraum, fertig. Und da bring' ich sie unter, meine Japaner. Du müsstest mal sehen, wie gern die die Arbeit im Stall machen." Der Onkel Franz hatte – was nicht oft passiert – staunend und mit offenem Mund zugehört. „Japaner? Echte? Jetzt sag bloß, die zahlen auch noch dafür?" – „Sowieso. Einfache Kost gibt's und Gratis-Transfer. Mit dem Traktor. Das taugt denen. Und einmal in der Woche, am Sonntag, da haben s' frei. Da gibt's einen Ausflug zum AKW. Da können s' dann immer nicht glauben, dass wir das Ding nie eingeschaltet haben!" Der Landwirt und Hotelier lachte schallend.

*

Nachdem beide ausgetrunken hatten, wurden Becher und Flasche wieder verstaut und man schickte sich an, den Anhänger zu verlassen, denn gerade hielt der Bus aus Tulln auf der anderen Straßenseite. Der Onkel Franz griff nach seiner Tasche und deutete ein leichtes Lüpfen seines Hutes an, um sich angemessen zu verabschieden. Die beiden Männer schüttelten sich herzlich die Hand und bedankten sich wechselseitig. Der Onkel fürs Mitnehmen und den Most, der andere für die gute Unterhaltung. Man war sich im Grunde nicht unähnlich und hatte sich auf Anhieb gut verstanden. Unter leichtem Kopfschütteln – das touristische Konzept des Bauern belustigte ihn noch immer – schritt der Onkel auf den Bus zu, dessen Türen sich gerade öffneten. Heraus strömten aufgeregt schnatternd an die zehn Japaner mittleren Alters, ein jeder ein Köfferchen in Händen.

9

„Einen Fahrschein auf Tulln, bitte." Der Onkel Franz hatte den Bus betreten und stand nun vor dem Fahrer. Dieser kam ihm sonderbar bekannt vor, woher, erschloss sich ihm nicht gleich. „Nach Tulln, mmh?" Der Buschauffeur sah ihn über seine randlose Brille prüfend an. „Und Fahrschein haben S' noch keinen. Soso. Und wie wollen S' zahlen?" – „Was, wieso, wie?" Der Onkel verstand nicht. „Mit Geld halt, bar, wie denn sonst?" – „Quick-cash, Upload, E-Pay oder mit der NVV-App. Aber bar geht auch. Halt ein bisserl unpraktisch." Der Tonfall, mit dem dies gesagt wurde – der war nämlich bestenfalls als neutral-gelangweilt zu bezeichnen –, war es, der dem Onkel Franz nun schlagartig wieder zu Bewusstsein brachte, an wen ihn der Fahrer erinnerte. An den Zwilling! Denjenigen Bahnbeamten, welcher ihn in Wels schon genauso freundlich behandelt hatte wie der zu Hause, am Beginn der ganzen Geschichte. Waren's also doch Drillinge.

Wie auch immer, der hier besaß den gleichen Schnauzbart, die gleiche latent unfreundliche, belehrende Art. Eine Art, die der Onkel so gar nicht mochte. „Am liebsten würdet ihr das Bargeld wahrscheinlich komplett abschaffen, aber ganz so weit sind wir dann doch noch nicht. Also, was macht's?" Auch nicht eben freundlich kam diese Entgegnung. Aber es war dem Onkel auch grad nicht danach, zu sehr war ihm die Reise bis jetzt schon erschwert worden und er wünschte sich zurück in sein Häuschen, zur Tante auf die Eckbank.

Doch da half kein Wünschen, auf einen der grau gemusterten Bussitze musste er sich zwängen und auch abgefahren wurde nicht gleich, was ihn seinem Ziel Wien und in der Folge der Heimat schneller näher gebracht hätte. Stattdessen durfte er noch allerhand

Mitreisenden beim Einsteigen zusehen. Und tatsächlich, kaum einer löste ein Ticket auf die altmodische Art, wie es der Onkel gerade getan hatte. Ein in der Nähe des Drillings an einer Stange befestigtes elektronisches Gerät steuerten die meisten an und hielten entweder eine Scheckkarte oder gleich ihr Smartphone dagegen. Worauf das Kastl einen unangenehmen Piepton von sich gab und ein grünes Lämpchen aufleuchtete.

Ein wahrscheinlich junger Mann – das Alter war schwer zu schätzen, da er sehr dick war – hielt eine Art Uhr an seinem Handgelenk gegen den Scanner und brachte damit das Gerät zum Piepsen. Danach bewegte er sich zielstrebig auf den Onkel Franz zu und setzte sich neben ihn. Jetzt war der Onkel auch nicht eben der Schlankste und die Sitze boten schon Normalgewichtigen nicht über die Maßen viel Platz. Er blickte sich um in der Hoffnung, andere, noch ganz freie Sitzreihen auszumachen, die ihm als Argument hätten dienen können, den anderen zu bitten, doch dort Platz zu nehmen. Aber dem war nicht so, der Bus war mittlerweile gut besetzt. So fügte er sich wohl oder übel in sein Schicksal und versuchte sich um die Schultern schmal zu machen. Der Onkel war an sich nicht extra empfindlich in diesen Dingen, doch direkter, andauernder Körperkontakt mit Fremden war nicht das, was er schätzte.

Der andere hatte ihm, als er sich setzte, andeutungsweise zugenickt, nahm aber jetzt in der Folge keine Notiz mehr von seinem Sitznachbarn. Dafür beschäftigte er sich ausgiebig mit seiner Armbanduhr. Das eckige Ding hatte auf beiden Seiten kleine Knöpfchen, auf denen er mit Daumen und Zeigefinger herumdrückte. Dabei erschienen auf der spiegelnden Fläche der Uhr abwechselnd Zahlen, Kurven und Diagramme. Der Onkel Franz konnte nicht umhin, dies zu beobachten, wurde ihm das technische Wunderding dabei ja fast vor die Nase gehalten. Langsam wurde ihm klar, dass es sich bei dem Armband wohl um alles andere als eine Uhr handeln mochte.

Und als hätte der stolze Besitzer des modernen Spielzeugs des Onkels Gedanken erraten, sagte er: „Wearables nennt man die Dinger. Tragbare Datenerfassung und Verarbeitung, verstehn S'?" Der Onkel Franz verstand nicht. „Wie bitte, was?" – „Mein Armband. Wearable Computing. Tragbarer Computer, auf Deutsch." Und er deutete darauf. „Aha." Der Onkel ging auf diese ihm aufgezwungene Unterhaltung ein. „Und was kann der?" Ein überlegener Ausdruck war nun in Gesicht und Stimme des dicken Burschen zu bemerken. „Da sollten S' lieber fragen, was das Teil nicht kann."

Hätt' ich lieber gar nicht gefragt, dachte der Onkel Franz gerade, denn der andere begann zu dozieren: „Also einmal ist das ein Fitness-Tracker. Zählt meine Schritte, misst und protokolliert ständig meinen Puls, errechnet den Kalorienverbrauch und so weiter. Weiters verfügt es über eine Nahrungsmitteldatenbank, in der ist so ziemlich alles gespeichert, was es so am Markt gibt." Dem Onkel war das alles zu viel. Zu viel Information, zu viel auf Englisch, zu viel Blödsinn. Dennoch fragte er nach. „Und für was ist das gut?" – „Damit kann das Ding im Supermarkt den Strichcode der Lebensmittel scannen. Da krieg' ich dann Empfehlungen, was was ist für mich und was nicht. In Verbindung mit der Essensliefer-App geht das Ganze auch von zu Hause aus. Cool, oder? Und online mit meiner Krankenkasse und Versicherung ist das Teil auch. Die errechnen auf Basis aller Daten einen Rabatt auf meine Beiträge."

Der Onkel konnte es nicht verhindern, dass sein Blick sich auf die Körperfülle seines Sitznachbarn richtete, während er die nächste Frage stellte. „Und da halten Sie sich dann dran, an die Empfehlungen, aha." – „Na ja, mehr oder weniger. Aber das ist ja noch nicht alles. Selbstverständlich kann ich damit auch telefonieren, surfen, Nachrichten abrufen und eine Smart Home Controlling App ist sowieso Standard." Der Onkel Franz kam sich – wie wir wissen, nicht zum ersten Mal auf dieser Reise – vor wie ein Besucher von einem fernen Planeten. Der, konfrontiert mit einer ihm völlig fremden

Gesellschaft, aus dem Staunen nicht mehr herauskam, was diese seltsamen Wesen so trieben. Und der vor dem Dilemma stand, ob er deren Verhalten näher studieren sollte, um es zu verstehen, oder ob dieses Unterfangen nicht ohnehin von vornherein chancenlos wäre. Er tendierte zu Letzterem.

Dieser innere Diskurs blieb dem anderen jedoch verborgen, der Onkel fragte lediglich nach: „Und wie spät's ist, kann man auch nachschauen?" – „Sowieso. Da muss ich nur die richtige App aufrufen, Moment, hab's gleich." Er hantierte wieder an den kleinen Knöpfen an der Seite und tippte auch auf dem Display des Wunderdings herum. „Warten S', das ist ein bisserl kompliziert. Aber die Grafik ist super. Simuliert Zeiger und so. Echt retro." Seine Versuche, die Uhrzeit aufzurufen, blieben aber erfolglos. Was ihn wohl etwas aufregte. Das wiederum veranlasste das Armband, einen schrillen Ton auszustoßen, der in der Folge in immer kürzeren Abständen immer lauter wurde. Wohl ein Warnsignal, das bedenklich hohe Pulsfrequenz anzeigte. Das den Träger des Wunderdings scheinbar noch mehr aufregte, den Puls noch mehr in die Höhe trieb. Was das Gerät dazu veranlasste, seinerseits noch mehr Alarm zu machen. Ein geschlossener Kreislauf sozusagen.

Der nun schon stark schwitzende Mann versuchte hektisch das Warnsignal auszustellen, fand aber augenscheinlich nicht die richtige Funktion dafür. Schlussendlich wusste er sich nur noch dadurch zu helfen, dass er das Armband abnahm. Ebenfalls kein leichtes Unterfangen. Als dies letztlich gelungen war, verstummte die Höllenmaschine augenblicklich. Der Onkel Franz hatte die Szene belustigt beobachtet und meinte nun: „Und jetzt glaubt's, Sie sind tot, oder?"[5]

---

5 Ich gebe zu, mir diese Replik aus Josef Haders Programm „Im Keller" ausgeliehen zu haben, ich konnte nicht widerstehen. Ich hoffe, er verzeiht mir.

„Haha", der andere, noch immer stark schnaufend, fand das gar nicht lustig, „sehr witzig. Aber lang' brauch' ich es eh nicht mehr, das Teil. Kommt bald alles unter die Haut." – „Unter die Haut?" Der Onkel wusste mit dieser Bemerkung nichts anzufangen. „Na Implantate halt, Body Hack – noch nie gehört? Bin grad auf dem Weg nach Tulln, da läuft eine große Convention zu dem Thema." Und weil er einen mehr als verständnislosen Blick des Onkels bemerkt hatte, setzte er nach: „Eine Messe halt. Da werden die ganzen Neuheiten auf dem Gebiet gezeigt. Als Allererstes lass' ich mir dort heute einen Key Chip einpflanzen, genau da rein." Und er deutete auf die Stelle zwischen Daumen und Zeigefinger seiner linken Hand. „Da kann ich dann meine Haustür öffnen ohne Schlüssel oder sonst was. Sobald ich in die Nähe der Tür komme, geht die auf. Cool, oder?" – „Aha." Der Onkel Franz schüttelte den Kopf. Er glaubte nun ansatzweise verstanden zu haben, worum es hier ging und war entsetzt.

„Weil das so furchtbar kompliziert ist, eine Tür mit einem Schlüssel aufzsperren, da lassen wir uns aufschneiden und irgend so ein Elektronikdings unter die Haut schieben. Einen Vogel habt ihr schon, oder?" – „Das verstehn Sie halt nicht." Jetzt schüttelte der andere den Kopf. „Das ist wegen der Optimierung. Und wegen der Datenvernetzung. Mit dem Smart Home, mit den Personal Apps, mit dem ganzen Netz halt. Eine Ausweisfunktion und E-Cash lass' ich mir dann auch noch einpflanzen, dann kommen aber erst die wirklich interessanten Sachen." – „Die bitte was?" Der Onkel hielt den Griff seiner Tasche nun noch etwas fester, so als könne er damit den Kontakt zum Normalen verstärken. Denn was ihm der Kerl da erzählte, war dermaßen abseits sämtlicher Richtschnüre, die er bis jetzt als mehr oder weniger unverrückbar angesehen hatte, dass er sich schwertat, etwas davon in sein Denken zu integrieren.

Davon bekam der dicke Mann freilich nichts mit, er plauderte munter weiter. „Den eigenen Körper verbessern, darum geht's.

Sinneserweiterung, Wahrnehmung abseits der Frequenzen, die wir kennen. Mit kleinen Magneten unter der Haut zum Beispiel kannst du dann Felder spüren, Himmelsrichtungen wahrnehmen. Wie die Zugvögel. Supersinne sozusagen!“ Er war von den eigenen Ausführungen derart euphorisch geworden, dass seine Wangen rötlich glühten. Mit glänzenden Augen sah er – Zustimmung erwartend – den Onkel Franz gespannt an. Der war seinerseits gerade aus einer Art Schockstarre erwacht, die dieser Blödsinn bei ihm kurzfristig ausgelöst hatte. Als würde ihn frösteln, schüttelte er sich unmerklich und setzte zu einem kleinen Monolog an.

„Den Körper verbessern, aha. Mit so einem Schmarrn. Ein bisserl Bewegung wär' da vielleicht gescheiter, oder? Leichter Sport oder so was, dass man nicht gleich einen Herzinfarkt kriegt, wenn man einmal ein bisserl schneller geht. Oder lassen wir uns sowieso bald Radln montieren? Und mit dem Hirn, da könnt' man auch arbeiten, ein bisserl trainieren. Damit man nicht immer nach den Blödheiten schnappt, die einem andere hinschmeißen. Aber denken lassen wir ja auch schon von irgend so einer Äpp oder wie das heißt. Seid's doch froh, wenn's noch keine Implantate braucht's! Künstliche Hüfte, Kniegelenk oder einen Bypass, das kommt eh früh genug. Aber dann, weil was kaputt ist, nicht weil man sich ‚optimieren' will. Sag einmal, tut so viel Dummheit eigentlich weh?“

Der Onkel hatte sich beinahe etwas in Rage geredet, etwas, das ihm selten passierte. Aber hier, bei diesem unreflektierten Schmarrn, wäre er fast ins Schimpfen gekommen. Sein Sitznachbar sah ihn mit großen Augen an, scheinbar musste er das Gehörte erst verarbeiten. Und dazu fehlte ihm wohl das geeignete Implantat. So brachte er nur ein „Aber, aber …,“ zustande und war wohl froh, als der Bus mit einem leichten Ruck hielt.

Man hatte Tulln erreicht und die Mehrheit der Fahrgäste schickte sich an, auszusteigen. So auch der Onkel, der mit einem leutseligen

„Sodala!“ sich erhob und dem anderen, die Tasche zwischen sich und ihn bringend, mit sanftem Druck zu verstehen gab, es ihm gleichzutun. Der verstand instinktiv, stand mühsam auf und wurde von des Onkels Tasche etwas in den Gang hinausgeschoben. „Dann noch viel Spaß beim Optimieren!“, wünschte der Onkel Franz seinem Reisegefährten zum Abschied, nachdem er sich an ihm vorbeigezwängt hatte und Richtung Ausstieg ging. Der andere blieb zurück mit offenem Mund und es stand zu befürchten, dass er selbst wohl vergessen würde, den Bus zu verlassen.

10

Langsam wurde es dem Onkel Franz unheimlich, was ihm da auf seiner Odyssee so an Merkwürdigkeiten bis jetzt alles untergekommen war. Sollte ich so weltfremd geworden sein zu Hause zwischen heimatlicher Eckbank, Wochenmarkt und Stammtisch? War ich zu wenig interessiert an dem, was so rund um mich sich entwickelt hat im Laufe der Zeit? Aber noch bevor er diese Gedanken fertig formuliert hatte, verwarf er sie auch schon wieder. Schmarrn, dachte er, jetzt bin ich vielleicht noch schuld, dass ich den ganzen neumodernen Käs' nicht versteh', so weit kommt's noch! Die Ansicht, dass alles gut wäre, nur weil es neu ist, dass alles richtig sei, nur weil es eine Mehrheit so sieht, war dem Onkel schon immer suspekt gewesen. Rigorose Ablehnung jedweder Neuerung, totale Fortschrittsverweigerung war natürlich auch nicht die richtige Haltung, das war ihm schon klar. Da würden wir wohl heute noch auf den Bäumen sitzen. Nur blinder Fortschrittsglaube, der postulierte, dass jede technische Neuentwicklung automatisch auch positiv wäre, der beinahe sektenartig verbot, manche davon zu hinterfragen und im Einzelfall auch abzulehnen, war mindestens genauso dumm, auf jeden Fall aber bei Weitem gefährlicher. Dessen war sich der Onkel Franz sicher.

*

Er beschloss aber dennoch, seiner nächsten Reisebekanntschaft – so ihm noch eine weitere zugemutet werden sollte – mit mehr Gelassenheit und Nachsicht zu begegnen. Nützt ja nichts, wenn man sich aufregt, dachte er. Sollen s' doch machen, was sie wollen, was geht's mich an. Mit diesem Vorsatz bestieg er den Waggon der S-Bahn, die versprach, ihn von Tulln zum Franz-Josefs-Bahnhof in Wien zu bringen. Und er hatte sich das richtige Abteil ausgesucht. Kein weiterer Passagier war darin anzutreffen, der Onkel hatte tatsächlich freie Sitzwahl. Er entschied sich für den ersten Fensterplatz rechts. Damit saß er in Fahrtrichtung und konnte seinem Ziel – der Bundeshauptstadt, die er in einer knappen Stunde erreichen sollte – entgegenblicken.

Den Gangplatz neben sich belegte er mit seinem Hut, den ihm gegenüberliegenden mit seiner Tasche. Dies sollte für eventuell noch Zusteigende Signal genug sein, dass man lieber ungestört bleiben wolle. Der Rest des Abteils war wie schon erwähnt ohnehin leer und so war der Onkel Franz, während die Bahn anfuhr, guter Dinge, auf dem letzten Abschnitt seiner seltsamen Reise unbehelligt von seinen Mitmenschen zu bleiben. Nicht, dass er misanthropisch veranlagt wäre, der Onkel. Dafür haben wir ihn nun schon gut genug kennengelernt, um ihm Derartiges nicht zu unterstellen. Aber für heute war sein Bedarf an Zwischenmenschlichem mehr als gedeckt. Nach etwas Ruhe war ihm jetzt, ein kleines Nickerchen hatte er im Sinn.

Er sah sich im Abteil um. Sehr modern, die Garnitur war, wie es schien, nagelneu. Auch die Sitze, welche auf den ersten Blick nicht den komfortabelsten Eindruck erweckt hatten, waren äußerst bequem. Ein dünnes Kunststoffgeflecht spannte sich da über einen Rohrrahmen, der zwar metallisch aussah, jedoch ebenfalls aus Plastik sein mochte. Der Onkel hatte mit dem Knöchel seines abgewinkelten Zeigefingers dagegengeklopft und war aufgrund des dabei entstandenen Geräuschs zu dieser Annahme gelangt. Die Ablage unter dem Fenster, dessen Rahmen und den herausklappbaren kleinen Mülleimer unterzog er der gleichen Probe. Sämtliches Interieur schien aus demselben Material zu bestehen. Und war auch durchgehend gleich gemustert. Eine Art Streuseloptik verschiedenster Farben, wobei Grau in diversen Abstufungen vorherrschte. Da sich die Farbgebung beinahe durchs ganze Abteil zog, verschwammen die Konturen der Einrichtung etwas.

Zumindest des Onkels Augen waren damit leicht überfordert und so beschloss er, erneut seine Zeitung hervorzuholen. Er blätterte sie durch, stieß auf einen noch nicht gelesenen Artikel und begann dessen Inhalt zu studieren. Um Allergien und diverse Lebensmittel-Intoleranzen ging es da, nicht unbedingt sein Interessengebiet Nummer eins, da er selbst Gott sei Dank an keiner davon litt. So kam er beim Lesen nicht über den ersten Absatz hinaus, es fielen ihm die Augen zu. Er war ja nun schon seit mindestens sechs Uhr früh auf den Beinen und mittlerweile war es schon nach halb drei. Er sank nach hinten und die Zeitung legte sich dabei über sein Gesicht. Sanft begann der Onkel zu schnarchen.

*

Irgendetwas hatte den Onkel Franz geweckt. Ein Geräusch, ein Rütteln des Zuges, was auch immer. Die Zeitung war inzwischen auf seinen Bauch heruntergerutscht und so fiel sein Blick, als er langsam die Augen öffnete, auf die gegenüberliegenden Sitze. Den am Fenster hatte er ja mit seiner Tasche belegt, die – wie er erleichtert feststellte – noch dort war, wo er sie hingestellt hatte. Unmittelbar daneben aber war nun gerade ein junger Mann im Begriff, Platz zu nehmen. „Darf ich eh?", stellte er breit lächelnd eine eher rhetorisch klingende Frage. Denn dabei saß er schon halb. Der Onkel Franz seufzte ein resignierendes „Bittschön", recht begeistert war er über die Gesellschaft nicht. Aber er wollte ja nachsichtiger sein, wir erinnern uns. So fügte er sich halt drein und hoffte auf nicht allzu viel Konversationswilligkeit beim neuen Mitreisenden. Doch er sollte sich irren.

„Hallo, ich bin der Sören, schön, dass d' Zeit für mich hast." Eine Begrüßungsformel, deren Bedeutung sich dem Onkel noch nicht sofort erschloss. Der junge Mann zog dabei das o beim Hallo und das ö bei Sören auf eine Art in die Länge, wie es Moderatoren von Kindersendungen oft taten. Und vor allem sah er eher seltsam aus. Fand zumindest der Onkel Franz. Ein längerer, rotblonder Vollbart zierte sein Gesicht und die wahrscheinlich ebenfalls langen Haupthaare hatte der Bursche am höchsten Punkt des Kopfes zu einem Knödel gedreht. In beiden Ohrläppchen trug er münzgroße schwarze Ösen, sodass Löcher frei blieben, durch die man gut und gerne den kleinen Finger hätte stecken können. Die knielange, weite Hose ließ den Blick auf blasse, aber stämmige Wadeln frei und auf das weiße T-Shirt war ein Bild der Erde gedruckt. Der blaue Planet hatte allerdings an beiden Polen eine Einkerbung, wobei aus der oberen eine Art Stängel hervortrat. Zudem fehlte Mutter Erde auf einer Seite ein halbkreisförmiges Stück, sodass ganz Australien und Neuseeland abgingen. Sollte diese Abbildung auch eine gewisse Aussage haben, so blieb sie dem Onkel verborgen.

Das Anliegen, das der Bursche hatte, der Grund, warum er sich zum Onkel Franz gesetzt hatte, sollte nun aber klar werden. Denn er sprach – und zwar weiterhin, als hätte er ein Kleinkind vor sich – folgende erklärende Worte: „Denn, wegen der Umfrage, gell, da hab' ich mir gedacht, dass du dir die Zeit schnell nimmst, mir ein paar Fragen? Ist doch okay, oder?" Dabei hielt er ein Brettl und einen kleinen Stift hoch, Utensilien, mit denen er wohl des Onkels Antworten festzuhalten gedachte. Eine Umfrage, na wunderbar, dachte der, hab' ich noch nie gemocht. Aber bitte, wenn's schnell geht. Hab' ich wenigstens bald wieder meine Ruh'. „Umfrage?", sagte er dann auch laut, „aha, worum geht's?" – „Du, pass auf, also", begann der Bursch, „zuerst ist's einmal so, dass ich als Student, in den Ferien eben, mir ein bisserl was dazu – also der Paps gibt schon Kohle – aber so ein bisserl was dazu, nicht, kann man ja immer brauchen, gell? Und da mach' ich jetzt also diese Umfrage zu dem Cross-Recycling. Wo du mir jetzt ein paar Fragen beantwortest, das wär' voll super von dir."

*

Der Onkel Franz ist – und das wurde wohl im Laufe dieser eigenartigen Reise wohl schon des Öfteren klar – nicht grundsätzlich abgeneigt, sich von an sich Fremden duzen zu lassen. Am Land keine ungewöhnliche Praktik und im Grunde eine Frage des Gefühls. Jenes Gefühls nämlich, ob es im jeweiligen Fall – dem Alter, der Situation oder anderen Faktoren nach – angebracht sei, das Du-Wort anzuwenden. Auch wenn es sich nicht so einfach verifizierbar erklären lässt, in vorliegendem Fall war es nicht angebracht. So wie der Onkel hier überfallsartig geduzt wurde, handelte es sich um eine Unart, die schon des Längeren aus den Medien seine Verbreitung unter den Menschen gefunden hat.

Der Onkel Franz mochte es nicht beschwören, aber seiner Erinnerung nach war es ein schwedisches Möbelhaus, das damit angefangen hatte, vor vielen Jahren. Da wurde der Kunde mit Hinweis darauf, dass derartiger Umgang miteinander im Herkunftsland des Möbelriesen gang und gäbe wäre, von vornherein geduzt. In Fernsehwerbungen, in Katalogen und anderen Drucksorten und vor Ort vom Personal sowieso. Ein Virus, der sich schnell ausbreiten sollte. Mittlerweile wurde man schon von diversen Versicherungen, Reiseveranstaltern und sogar Politikern im Wahlkampf auf diese Art geduzt. Der Onkel mochte das nicht. Nein, er war da nicht überempfindlich in diesen Dingen. Es war ihm einfach nur nicht recht, dass er darauf – eben auf diese Art angeredet zu werden – keinen Einfluss hatte.

*

Sei es, wie es sei, der junge Mann, Sören der Student (wahrscheinlich Langzeitstudent, er dürfte schon gut an die achtundzwanzig Jahre alt gewesen sein) duzte ihn auf genau jene Art unbeirrt weiter. Und legte dabei auch nach wie vor jene belehrende Tonlage an den Tag, die man gemeinhin benutzte, um Kleinkinder zu unterweisen. „Sooo…, jetzt wirst du dich fragen, was meint denn der Sören mit ‚Cross-Recycling' und was soll ich davon verstehen, dass ich da Auskunft geben könnte? Gell, das fragst du dich?" Eine wiederum rhetorische Frage, auf die keine Antwort erwartet wurde, der junge Demoskop schwadronierte munter weiter. „Schau, ich mach' diese Umfrage ja nicht zufällig hier in der S-Bahn. Denn das neue Super-Material, um das es geht, darauf sitzt du gerade!" Anschließend riss er seine Augen weit auf und formte die Lippen zum O. So als müsse er die Überraschung, die der Onkel nun anscheinend verspüren sollte, pantomimisch darstellen.

Der war nun aber weder überrascht und schon gar nicht erfreut, das Vorschullehrer-Getue des Burschen ging ihm vielmehr langsam auf die Nerven. „Super-Material, aha. Und darauf sitz' ich. Und weiter?" – „Na, ich werd' dich dann befragen, wie bequem es ist, wie es dir optisch gefällt und was du davon hältst, so was halt. Aber vorher erklär' ich dir noch ein bisserl was zur Herstellung." Auweh, dachte der Onkel, das kann dauern. Aber hilft ja nichts, der geht sowieso sonst nicht mehr weg, dann hör' ich mir das halt an. Durch ein resignierendes Nicken, begleitet von einer dementsprechenden Handbewegung, forderte er den Burschen auf, mit seinem Vortrag zu beginnen.

„Also, das mit dem Cross-Recycling ist ganz neu und auf dieser Strecke auch das erste Mal im Einsatz." Er deutete auf das Interieur des Abteils und seine Stimmlage wechselte in einen professionelleren Ton, während er das auswendig Gelernte aufsagte. „Notwendig geworden ist eine neue, effizientere Art des Recyclings durch den steigenden Konsum und die gleichzeitig sinkende durchschnittliche Benutzungsdauer der Produkte." Jetzt zeigte der Onkel Franz doch etwas Interesse. „Auf Deutsch: Mehr kaufen, öfter wegschmeißen." Keine Frage, eine Feststellung. „Genau", freute sich der Sören über die Mitarbeit, „und das ist gut so. Wegen dem Wachstum, verstehst? Einziges Problem dabei: Rohstoffe werden weniger, Recycling ist teuer. Das ganze Sammeln, Trennen, das verschiedentliche

Aufarbeiten kostet Unsummen. Daher", sein Zeigefinger ging in die Höhe und der Lehrer war wieder da, „Cross-Recycling!"

Nun wurde vom Onkel ein Nachfragen erwartet. Er tat seinem Gegenüber diesen Gefallen. „Ganz einfaches System." Die Unterrichtsstunde ging weiter. „In Zukunft werden dieselben Lieferdienste, die dir die Waren bringen, die du bestellt hast, auch die Sachen wieder mitnehmen, die du nicht mehr brauchst. Egal was. Elektronik, Textil, Plastik, alles kommt in einen Topf und wird mikrofein geschreddert. Verbundmittel dazu, mit Hochdruck gepresst, fertig. Und schon kannst du neue Produkte daraus machen, auf einem davon sitzt du wie gesagt gerade."

Im selben Ausmaß, wie der Vortragende über die neue Technik begeistert war, meldeten sich beim Onkel Franz instinktiv Zweifel. Erstens war er noch nie Anhänger einer sich immer stärker durchsetzenden Wegwerfgesellschaft, zweitens bezweifelte er, dass es derart simpel sein sollte. Vielmehr drängte sich ihm das Bild einer Hexenküche auf. Er sah vor seinem geistigen Auge giftige Dämpfe aufsteigen und fragte sich auch, was für ein Teufelszeug das benötigte Bindemittel sein musste, das in der Lage war, derart strapazierfähiges Material entstehen zu lassen. Wie zur Probe wippte er etwas mit seinem Gesäß – doch, das Zeug hielt. Die Ablage unter dem Fenster unterzog er ebenfalls einer Daumennagelprobe und klopfte anschließend erneut mit den Knöcheln dagegen. Auch hier keine Beanstandung. Außer dass er die Musterung jetzt, da er wusste, wo sie herrührte, noch hässlicher fand. Vor allem würde, wenn diese Art der Wiederverwertung Schule machen sollte, bald alles so aussehen. Aber sicher nicht bei mir zu Hause, dachte der Onkel. Da wird nicht oft etwas weggeworfen. Die meisten Gebrauchsgegenstände ließen sich bei Bedarf meist einfach reparieren. Was aber selten notwendig war, denn er achtete genauso wie seine Frau auf Qualität bei den wenigen Neuanschaffungen im Jahr und gab dafür lieber etwas mehr aus.

All diese Bedenken teilte der Onkel Franz dem jungen Mann nicht mit, er hatte schlichtweg keine Lust dazu. Sein Bedarf an Diskurs war für diesen Tag mehr als gedeckt und so sagte er nur: „Na gut. Und welche Fragen soll ich jetzt noch beantworten?“ Sören schien etwas enttäuscht. Die Tatsache, dass der Onkel nach wie vor der einzige Reisende im Abteil war, unterforderte ihn in seiner Ferialtätigkeit wohl etwas. Was weiß man, vielleicht wurde er ja nicht pro befragter Person bezahlt, sondern nach Stunden? Wie auch immer, er erweckte auf jeden Fall den Eindruck, als hätte er noch gerne länger mit dem Onkel Franz über die schöne neue Warenwelt geplaudert. Der drängte nun aber mit seiner letzten Einlassung auf einen raschen Abschluss der Befragung. Sören zuckte mit den Schultern. „Na gut, dann schaun wir uns die Fragen an, sind eh nicht viel.“ Auch das klang leicht enttäuscht.

Er nahm das Brett, welches er für die Dauer seines Vortrages zur Seite gelegt hatte, wieder zur Hand und tippte mit dem kleinen Stift darauf herum. Nun wurde dem Onkel klar, dass es sich dabei um einen Tablet-Computer handeln musste, er hatte Ähnliches schon einmal beim Großneffen Kevin gesehen. „Moment, gleich hab' ich's.“ Sören tippte und wischte, anscheinend ohne den erwarteten Erfolg. „Irgendwie funktioniert das blöde Trumm jetzt nicht. Vorhin ging's noch. Ich kann das Formular aufrufen, aber nichts eingeben. Was ist denn da los?“ Er wurde nun etwas hektisch. Es war in seiner Welt anscheinend nicht vorgesehen, dass die unverzichtbare Technik streikte. Dementsprechend ratlos war er. „Was mach' ich denn jetzt? Ich kann nichts notieren. So was Blödes!“

Der Onkel Franz hatte – um die Sache zu beschleunigen und möglichst bald wieder seine Ruhe zu haben – in der Zwischenzeit eine Doppelseite seiner Zeitung sowie einen Kugelschreiber aus seiner Tasche hervorgeholt und reichte beides dem Burschen. Der griff mit verständnislosem Blick danach und seine Mimik schien zu fragen: Und, was soll ich jetzt damit? Der Onkel sagte es ihm. „Da schreibst du dir", zum ersten Mal duzte er zurück, er hatte eine direkte Anrede bislang vermieden, „jetzt auf den freien Rand die Nummern der Fragen und meine Antworten auf. Wird eh irgendwas mit a, b oder c sein, stimmt's? Und später, wenn dein Brettl wieder geht, dann trägst es halt ein. Wär' mein Vorschlag."

Die gerunzelte Stirn des Burschen glättete sich, er begann zu verstehen. „Super", freute er sich, „so könnt's gehn." Und etwas unbeholfen versuchte er mit dem Kugelschreiber eine Eins auf das Zeitungsblatt zu malen. Dabei kam seine Zungenspitze im Mundwinkel zum Vorschein, er war sehr konzentriert. Leider benutzte er dazu das falsche Ende des Schreibgeräts, der Onkel griff ein. Nahm ihm den Stift aus der Hand, drückte auf den Knopf, sodass am anderen Ende die Spitze der Kugelschreibermine zum Vorschein kam, und gab ihm das so aktivierte High-Tech-Produkt zurück. Nicht ohne darauf zu achten, dass diesmal das richtige Ende nach unten zeigte. Sören nickte anerkennend wegen der Problemlösungskompetenz des Onkels und machte sich an die Arbeit. Endlich konnte nun die Befragung beginnen und man war mit den wenigen Punkten auch schnell durch.

*

Wenn der Onkel Franz gehofft hatte, der junge Mann würde nun von ihm ablassen, sich auf einen anderen Platz setzen oder sogar auf der Suche nach weiteren zu Befragenden das Abteil verlassen, sollte er enttäuscht werden. Sören blieb. Verstummte zwar, weil sein Thema ja nun abgehakt war und neuer Gesprächsstoff ihm wohl nicht so auf die Schnelle einfiel, aber er blieb. Hatte sich vorgebeugt, seine Unterarme auf die Oberschenkel gelegt und wippte rhythmisch zu einer wohl nur für ihn hörbaren Musik. Dabei sah er den Onkel direkt an. Dem war das irgendwie zu blöd und er beschloss, seine Zeitung zwischen sich und den ungebetenen Gast zu bringen. Als er sie schon aus der Tasche nehmen wollte, fiel sein Blick auf das braune Papiersackerl mit den Äpfeln.

Sofort stellte sich erneut ein Hungergefühl ein. Auch gegen den leichten Durst, den er verspürte, sollte so ein saftiger Apfel helfen. Er nahm das Sackerl heraus und platzierte es auf seinen Knien. Während er noch überlegte, welchen der drei darin enthaltenen Äpfel er wählen sollte, bemerkte er, dass die Aufschrift „Bio-Obst und -Gemüse vom Karl-Marx-Hof" die Aufmerksamkeit seines Mitreisenden auf sich gezogen hatte. Er war, in vorhin beschriebener Körperhaltung, immer weiter nach vor gerutscht, auf die Kante seines Sitzes, und erinnerte dabei nun an einen Skiläufer in Abfahrtshocke. Der Onkel befürchtete, der Bub würde jeden Moment vornüberkippen, so nah war er ihm gekommen. Gottlob zog er sich dann aber wieder ein Stück zurück, nachdem er die Beschriftung des Sackerls entziffert hatte. Und meldete sich erneut zu Wort.

„Wah, voll super! Bio, genau meins." Bei dieser kurzen Einlassung sollte es allerdings nicht bleiben. Sören hatte nun ein neues Gesprächsthema gefunden und sprudelte nur so drauf los: „Also bio ganz allgemein, mein' ich, momentan aber rein vegetarisch. Aber da halt auch nur bio, eh klar. Und wo's geht, vegan. Geht aber nicht immer." Dies war nun der Zeitpunkt, den der Onkel Franz – wäre er später dazu befragt worden – als jenen angegeben hätte, an dem er einen schweren Fehler beging. Nämlich in der Gestalt, dass er unvorsichtigerweise nachfragte: „Und, was wär' jetzt da eigentlich insgesamt der Unterschied von wegen vegetarisch, vegan, bio oder wie das noch alles heißt? Weißt das überhaupt selbst genau?"

„Sowieso", begann Sören der Ernährungswissenschaftler seine Ausführungen, „da bin ich bestens informiert. Allein schon familiär, also von daheim her. Weil, die Mama ist vegan, meine Schwester veggie und der Paps flext." Augenblicklich entstand vor des Onkels geistigem Auge ein Bild von „Paps", wie dieser in Blauzeug und mit Helm und Schutzbrille mit einem Trennscheibenschneider – im Volksmund auch „Flex" genannt – hantiert. So dann auch sein Einwurf: „Ah, dann ist er Schlosser, der Papa, ja?" – „Häh?" Sören war leicht verwirrt. „Na, wegen der Flex." – „Was? Ah so, nein. Keine Flex." Der Bub gab ein paar schnarchende Laute von sich, die wohl eine Art Lachen darstellen sollten. „Flexitarier ist er, der Paps. Beim Essen. Beruflich Banker."

Mit dieser Erläuterung konnte der Onkel nun vorerst auch nicht wirklich etwas anfangen. Ein neuerliches Nachfragen war aber nicht notwendig, Sören dozierte munter weiter. „Trennkost, kohlehydratfrei, Lactoveggie, voll vegan, da wechselt er. Momentan ist er auf Paleo, der Paps." – „Wo ist er?" – „Wie bitte?" – „Wo das ist, dieses Paleo? Du hast gesagt, er wär' auf Paleo. Ist das eine Insel oder was?"

Ein Missverständnis? War der Onkel Franz hier tatsächlich einem Irrtum unterlegen oder verhielt es sich vielmehr so, dass er mittlerweile – anfangs war er ja eher genervt von seinem neuen Gegenüber – Vergnügen an der seltsamen Unterhaltung gefunden hatte? Und nun den Studenten mit gespielter Naivität aufzog? Wir wissen es nicht. Wer den Onkel aber näher kennt, kann auf jeden Fall bezeugen, dass er diese Technik meisterlich beherrscht. Vornehmlich am Stammtisch kommt diese zum Einsatz und er versteht es dabei, selbst langjährige Bekannte mehrere Minuten lang hinters Licht zu führen. Das unbedarfte, beinahe einfältige Gesicht, das er dann dabei aufsetzt, lässt seine Gesprächspartner regelmäßig in diese Falle tappen, und manche sind ihm bis heute nicht draufgekommen, dass er hinter dieser vorgetäuschten Fassade eine diebische Freude an der Sache hat.

Wie gesagt, es ist nicht gesichert überliefert, wie es sich in vorliegendem Fall verhielt, es kann aber als wahrscheinlich angenommen werden, dass der Onkel sich hier tatsächlich etwas die Zeit vertrieb. Sich auf der letzten Etappe seiner Odyssee noch einen kleinen Spaß gönnte.

„Insel? Wieso jetzt eine ... ah ... so, nein." Sören schüttelte nachsichtig den Kopf. „Chchchch", lachte er dabei, „keine Insel, eine

Ernährungsweise. Paleo halt. Steht für Paläolithikum. Altsteinzeit. Noch nie gehört? So vor zwei-, zweieinhalb Millionen Jahren war das. Und bei der Paleo-Diät isst du halt nur Sachen, die die damals auch hatten. Keine Produkte aus kultiviertem Anbau oder Zucht. Voll gesund, sagt der Paps. Cool, oder?" – „Dann geht er jetzt also mit dem Speer auf die Jagd, der Herr Papa, und sammelt Beeren? Respekt." Wieder dieses seltsame Lachen. Es war eher ein Grunzen als ein Lachen, der Bursche zog dabei bei jedem „Ch" die Schultern hoch. Vielleicht auch eine Angewohnheit aus der Altsteinzeit.

„Aber geh, doch nicht so. Da gibt's im ersten Bezirk einen ganz tollen Laden, die verkaufen nur Paleo-Food. Sauteuer, sagt der Paps, aber das ist es ihm wert. Alles für die Gesundheit, verstehst?" – „Aha", der Onkel tat verblüfft, „aber sag, sind die damals nicht höchstens dreißig Jahre alt geworden?" – „Ja schon so in etwa, aber dafür total gesund!" Jetzt war es der Onkel, der sich nicht sicher war, ob er verschaukelt wurde. Aber nein, ein prüfender Blick in Sörens strahlende Augen zeigte ihm, dass der tatsächlich an die Sinnhaftigkeit seiner Aussagen zu glauben schien.

Der Onkel Franz schüttelte nun seinerseits kaum merklich den Kopf. Sein Interesse an der seltsamen Unterhaltung war bereits wieder geschwunden. Sollen die doch essen, wie und was sie wollen, ich freu' mich auf jeden Fall schon wieder auf ordentliche Krautwickler, wenn ich endlich von Wien zurück daheim bin. Jetzt muss es aber vorerst einmal so ein Apfel tun. Mit diesen Gedanken biss er hinein und begann zu kauen. Doch, der schmeckte wirklich gut, dachte er dabei und betrachtete die Frucht genauer. Schön war sie nicht. Also schön im Sinn der heutigen Supermarktware. Dort lagen die Äpfel einzeln gebettet, gewachst und poliert in den Stellagen und wiesen auch nicht die kleinste Warze oder raue Stelle auf. Der in seiner Hand war da anders. So, wie halt auch die in des Onkels Garten aussahen. Dafür aber ebenfalls noch nach etwas schmeckten. Ähnlich verhielt es sich mit den Tomaten, die er hinterm Haus zog.

Durch einen Dachvorsprung vor Regen geschützt, rankten sich dort vier Stauden die Spaliere hoch und trugen Früchte, die alles andere, nur nicht rund waren. Der Onkel hatte keine Ahnung, welche Sorte er da vor ewigen Zeiten ausgesät hatte, aber gut waren sie. Und es konnte auch vorkommen, dass sich übers Jahr die Art der Frucht änderte. Wie das – wissenschaftlich, biologisch erklärbar – vonstatten ging, wusste er nicht. Wahrscheinlich brach sich da eine Ur-Sorte Bahn, irgendetwas in dieser Art.

*

Während er so für sich darüber sinnierte, hatte sein Gegenüber anscheinend ebenfalls die Lust am Thema Ernährung verloren. Denn die Satzfragmente – Sören hatte ohne Unterlass weitergeplappert –, die der Onkel Franz am Rande noch wahrnahm, schienen nun bereits andere Bereiche zu betreffen. „… weil mit dem bedingungslosen Grundeinkommen geht das ja dann, drum wart' ich erst mal noch, bis das kommt." Scheinbar standen nun soziale Themen auf dem Programm, wie und wann der Bub dazu gewechselt hatte, entzog sich der Kenntnis des Onkels. „Was für ein Einkommen? Worum geht's?" – „Na, weil wir doch immer mehr automatisieren und dadurch menschenunwürdige Arbeit eh von Robotern und so. Drum wär's eben dann gut, wenn Leute wie ich ein Einkommen kriegen, einfach so, verstehst, und uns dann eben intellektuell erweitern, sozial, musisch-künstlerisch und so. Und wer mag, kann eh nebenbei, wenn er will. Ich mein' arbeiten. Oder so ähnlich. Aber halt wenig. Mehr so mit Horizonterweiterung tät' man sich dann beschäftigen und so."

„Aha." Der Onkel versuchte das eben Gehörte einzuordnen, zusammen mit den Informationen, die er Stunden zuvor vom Herrn Minister Schleindinger erhalten hatte. „Man bekommt also Geld fürs Nichtstun, und das bedingungslos. Das heißt, man kann es dann auch für allerhand Schmarrn ausgeben, ganz ohne

Horizonterweiterung. Vielleicht auch einfach nur blöd rumsitzen und ins Fernsehkastl schaun und auf die Pizzalieferung warten, und bekommt trotzdem sein Geld. Ohne intellektuell und so. Weil ja bedingungslos. Versteh' ich das richtig?" – „Genau", Sören begann mit den Schultern zu zucken, gleich würde er wieder vergnüglich grunzen, „super, oder?"

Scheinbar hatte der Bub dem Onkel nicht zugehört, er versuchte es noch einmal. „Glaubst du, ein jeder würd' von sich aus, ohne zu müssen, sich auf Bildung und Ähnliches stürzen? Und keiner versumpfen und versandeln?" Jetzt war der Groschen anscheinend gefallen beim Herrn Studenten. Oder auch nicht. „Ach so, ja, versteh', was du meinst. Nein, nein, würd' schon hinhaun, glaub' ich. Weil ja dann der Druck weg wär', weil man dann ja nicht mehr so gezwungen wär', sich ..." Er verstummte kurz, als würde es ihm nun ansatzweise bewusst, sich etwas im Kreis zu bewegen, „... schon, schon, das würd' funktionieren, glaub' schon." Sehr überzeugt klang der Bursch jetzt nicht mehr, was er aber durch breites Grinsen zu überspielen suchte.

„Wie", bohrte nun aber der Onkel Franz nach, „wie würd' das bei dir selber ausschaun, wenn das mit diesem bedingungslosen Grundeinkommen, sagen wir einmal morgen, käme? Ach ja, und noch eine Frage, was studierst du jetzt eigentlich?" – „Also im Moment Geschichte, Sozialkunde und politische Bildung auf Lehramt. Dazu jetzt Psychologie und Philosophie. Davor Geo, war aber nichts für mich. Ich lass' mir da Zeit, probier' ein bisserl aus, was so zu mir passt, verstehst?" – „Ja, wenn das auch geht. Aber noch mal: Wie tätest du jetzt weiter, wenn das mit dem Grundeinkommen kommen würde?" – „Wie bitte, was?" Sören, der angehende Lehrer, konnte wohl dem Unterricht nicht ganz folgen. Antwortete dann aber doch, noch bevor der Onkel seine Frage zum dritten Mal stellen musste: „Ach so. Na, dann hör' ich natürlich sofort auf. Muss ja dann nicht mehr, oder? Erst mal chillen, neu orientieren. Bisserl Urlaub vielleicht. Auszeit eben. Würd' dann schon was finden, was mir gefällt, glaub' ich. Aber ist dann ja eh wurscht, eilt ja nicht mehr." Dabei begann er wieder leicht zu grunzen, diese Zukunftsaussichten bereiteten ihm augenscheinlich Vergnügen.

„Aha", der Onkel Franz sah seine Befürchtungen bestätigt, „Lehrer tätest also dann nicht mehr werden, gell? Soll dann wer anderer machen. Genauso wie Häuser bauen, Brot backen oder Lebensmittel anbauen. Weil man dann ja nicht mehr muss. Das macht jetzt alles ein Roboter, oder wie?"[6] Sören fühlte sich verstanden. „Genau! Super, gell? Schau, die ganze Zuggarnitur, in der wir da sitzen, wird schon vollautomatisiert hergestellt. In Zukunft braucht es keine Schlosser oder Tischler mehr, die sich mit so was abplagen. Ist außerdem eh viel zu schlecht bezahlt. Wird jetzt alles anders!" Der Bub strahlte.

*

Eine Stimme aus dem Lautsprecher – ausnahmsweise einmal nicht Frau Lohner – teilte den Reisenden mit, dass man demnächst die Haltestelle Wien-Heiligenstadt und somit die Bundeshauptstadt erreichen würde. Noch nicht die Station, an der der Onkel Franz ursprünglich aussteigen wollte. Der Durchsage entnahm er aber nun, dass dort Anschluss zur U4 und U6 möglich sei, und so beschloss er, schon jetzt die S-Bahn zu verlassen. Nähere Kenntnisse über das Wiener Verkehrsnetz besaß der Onkel zwar nicht, aber er meinte irgendwo einmal aufgeschnappt zu haben, dass die U-Bahnlinie vier jene sei, mit der man in der Hauptstadt fast überall hinkäme. So

---

6 Ephraim Kishon hatte schon früh derartige Visionen. Er ließ seinen Freund Jossele im gleichnamigen Buch eine Maschine erfinden, die Kartoffeln pflanzt, bewässert, aberntet, wäscht, kocht und danach auch selbst aufisst. Bereits 1977 erschienen und vom großen Friedrich Torberg ins Deutsche übersetzt. Chapeau.

erhob er sich und nahm Hut und Tasche an sich. Er würde die paar Minuten bis zum angekündigten Halt stehend vor dem Ausstieg verbringen, die Episode Sören war für ihn hier und jetzt zu Ende.

Bevor er das Abteil aber verließ, richtete er noch ein letztes Mal das Wort an den Herrn Studenten. „Weißt, musst schon entschuldigen. Vielleicht bin ich ja auch schon zu alt, aber ganz fertig gedacht ist das noch nicht mit eurer schönen neuen Welt, kommt mir vor. Weil einen Daseinszweck braucht er schon, der Mensch. Dass er gebraucht wird, verstehst? Das ist nämlich hauptsächlich gemeint mit dem Recht auf Arbeit. Nicht ein Recht auf Einkommen allein. Und ist ja auch nichts Neues. Seit es den Menschen gibt, bringt er sich fort durch Erwerb. Und wenn er den vernünftig bezahlt bekommen tät', dann bräucht's auch kein neues Konzept. Ist halt meine Meinung. So, und jetzt wünsch' ich dir noch ein schönes Leben, mit oder ohne Arbeit." Der Onkel setzte seinen Hut auf, deutete dabei einen Gruß an und ließ einen etwas ratlosen jungen Mann zurück, dessen Blick abwechselnd auf den Rücken des Onkels gerichtet war und auf den Kugelschreiber, den er noch immer in seiner Hand hielt.

11

Die S-Bahn war an der Station Heiligenstadt nur kurz stehen geblieben und hatte ihre Fahrt ohne den Onkel Franz fortgesetzt. Dem tat es gerade ein bisschen leid, dass er – abgelenkt vom Diskurs mit dem Herrn Studenten – kaum etwas von der Einfahrt in die ersten Randbezirke Wiens mitbekommen hatte. Schon sehr lange war er nicht mehr in der Hauptstadt gewesen. Es war wohl beinahe zwanzig Jahre her, da er mit der Tante – damals auch mit dem Zug – einen Ausflug nach Wien unternommen hatte. Aber es war ihm noch stark in Erinnerung, wie es ihn beeindruckt hatte, dieses Einfahren in die große Stadt.

Damals hatten sie sich Wien von Westen her genähert. Gerade noch über Land, wo Gegenden am Fenster vorbeizogen, wie man sie so ähnlich auch von zu Hause kannte, dann durch bewaldetes Gebiet, wurden darauf unvermittelt die Bäume weniger, die Hänge flacher und nach ersten, eher villenartigen Häusern begannen dann auch schon die dichter stehenden Gebäude der Randbezirke. Bei denen man, bei aller Liebe, nicht immer von Schönheit sprechen mochte. Doch auch hier war das Ensemble bereits durchsetzt von historischen Bauten, die von der Geschichte der alten Stadt zeugten. Und jene Gebäude gewannen dann immer mehr die Oberhand, je weiter man sich der Innenstadt näherte. Bis hin zum Prunk des ersten Bezirks.

Aber dazu später. Aus nordwestlicher Richtung in die Stadt einfahrend, mochte sich nun wohl ein etwas anderes Bild gezeigt haben. Wie auch immer, der Onkel wusste es nicht. Hatte ihn doch die Auseinandersetzung mit Sören beziehungsweise dessen Zukunftsvisionen davon abgehalten, aus dem Fenster zu sehen.

*

Nun war er also hier. In Wien. Der Onkel Franz konnte es kaum glauben, dass seine schier endlose Odyssee ihn letztendlich doch noch an sein Ziel, in die Bundeshauptstadt gebracht hatte. Nun galt es nur noch zur Adresse des Herrn Anwalts zu gelangen. Er entnahm seiner Tasche den Brief, der dazu geführt hatte, dass er sich seit Langem wieder einmal derart weit von zu Hause hatte fortbewegen müssen. Er nahm das Kuvert in Augenschein, um die gestempelte Anschrift der Kanzlei zu entziffern.

Die Buchstaben und Zahlen waren etwas verwischt. Der Onkel führte dies darauf zurück, dass er den Brief nach seinem Mittagsschläfchen geöffnet hatte. Und davor gab es, wie wir wissen, Krautwickler. Und zwischen diesen beiden genussvollen Tätigkeiten hatte er wohl wie so oft aus Bequemlichkeit darauf verzichtet, sich die Hände zu waschen. Seine Frau schalt ihn zwar regelmäßig wegen dieser Nachlässigkeit, Früchte trug dieser Tadel aber selten bis nie. Eher ein zur Gewohnheit gewordener Ritus der beiden.

Wie gesagt, der Aufdruck war da und dort etwas verschmiert, „Reumannplatz, 1100 Wien", konnte man jedoch identifizieren. Lediglich die Hausnummer war nicht eindeutig. Zweistellig war sie und die erste Ziffer wohl eine eins. Gut, das würde nicht so schwierig werden, jetzt galt es zuerst einmal, den U-Bahn-Plan zu studieren, vor dem sich der Onkel mittlerweile befand. Er setzte seine Brille auf und suchte nach seinem aktuellen Standort. Aha, da sind wir. Und von hier – der Onkel fuhr die grüne Linie der U4 mit dem Finger nach – geht's dann erst mal vier Stationen bis zum Schwedenplatz. Dort dann Umstieg in die U1 Richtung Oberlaa (rote Linie), nach sechs Stationen dann Ausstieg Reumannplatz. Dass sein Ziel eine eigene Haltestelle hatte, machte die Sache einfacher. Aber warum sollte ich nicht auch einmal Glück haben, dachte der Onkel gerade, als er die Blicke der Nebenstehenden bemerkte. Die Art, wie sie ihn ansahen, legte nahe, dass er die Ergebnisse seiner Examinierung wohl laut von sich gegeben hatte.

Er musste schmunzeln. Mochte wohl ein seltsames Bild abgegeben haben, wie er da leicht vorgebeugt und mit der Nase beinah an der Scheibe des Schaukastens brabbelnd mit dem Finger Linien auf das Glas gezeichnet hatte. Als er aber dann mit freundlichem Gesicht und einer schulterzuckenden Geste den anderen zu verstehen geben wollte, sich dieser unfreiwilligen Komik bewusst zu sein, dass er sich sozusagen nun auch selbst dabei ertappt habe, musste er feststellen, dass seine Mitmenschen sich bereits wieder abgewandt hatten. Wieder mit ihren eigenen Dingen beschäftigt waren. Zwischenmenschliche Interaktion – und sei es nur ein Einander-Zunicken, ein verstehender Blickkontakt – war wohl in der Großstadt ein seltenes Gut von geringer Halbwertszeit. Gut, dann halt nicht.

Den richtigen Weg zum Bahnsteig suchend, ließ der Onkel Franz nun seinen Blick schweifen und entdeckte alsbald einen Hinweis. Ein grünes Schild mit der Aufschrift U4 und einem Pfeil, der in Richtung einer Art Absperrung wies. Die Menschen gingen dort zwischen Metallstangen hindurch und entwerteten an den daran angebrachten Geräten ihre Fahrkarten. Das machte dem Onkel schlagartig bewusst, dass er auf seiner letzten Etappe mit der S-Bahn ohne gültiges Ticket unterwegs gewesen war.

Sofort machte sich ein leicht schlechtes Gewissen bemerkbar, welches er jedoch auch gleich wieder zurückwies. Schließlich hatte er eine Fahrkarte von zu Hause bis nach Wien erworben und teuer bezahlt. Die galt natürlich für eine ganz andere Linie, aber was kann denn ich dafür, wenn mir ständig die Anschlusszüge vor der Nase davonfahren? Mit diesem Argument war sein Gewissen einigermaßen beruhigt. Für die U-Bahn-Fahrt würde er nun aber selbstverständlich bezahlen, nur wie und wo?

Diese Frage war schnell geklärt, denn direkt neben dem Schaukasten mit dem Fahrplan stand ein Ticketautomat. Ein Mädchen hantierte gerade daran herum und der Onkel versuchte, so diskret wie möglich, ihm dabei über die Schulter zu sehen. Die Übung gelang und so verfügte er nun, da das Mädchen seine Transaktion abgeschlossen hatte, über das nötige Fachwissen. Der Einfachheit halber erwarb er eine Tageskarte, er hatte ja vor, nach dem Anwaltsbesuch so schnell wie möglich wieder zu einem Bahnhof zu gelangen, um von dort auf direktem Wege zurück in sein geliebtes Innviertel zu fahren. Ein Gefühl beschlich ihn, das am besten mit dem Wort Heimweh zu beschreiben ist. Auch diese Anwandlung drängte er vorerst, so gut es ging, zurück, nun galt es, seine Mission zu beenden.

*

Die Brille wieder in der Innentasche verstaut, den Hut zurechtgerückt und die lederne Tasche, welche er beim Bedienen des Automaten abgestellt hatte, wieder fest im Griff seiner linken Hand, marschierte der Onkel Franz nun also den grünen Hinweisschildern folgend durch die Absperrung und treppab zum Bahnsteig. Die Gefahr, in falscher Richtung einzusteigen, bestand nicht, hier in Heiligenstadt war Endstation der Linie vier. Das andere Ende war die Station Hütteldorf, und das stand auch auf den Tafeln, die ihm den Weg wiesen. Kaum, dass er unten angekommen Aufstellung hinter der gelben Linie genommen hatte, verspürte er auch schon einen deutlichen Luftzug, welcher aus dem schwarzen Loch vor ihm kam. Der kündigte die Ankunft der U-Bahngarnitur an, die kurz darauf auch schon einfuhr und mit ihrem ersten (oder letzten, wie man's nimmt) Waggon direkt vorm Onkel zum Stillstand kam. Zischend öffneten sich die Türen und er hielt sich instinktiv stärker am Griff seiner Tasche fest. Denn heraus strömten unzählige Leute und bahnten sich links und rechts am Onkel vorbei ihren Weg, während ebenfalls nicht wenige hinter ihm sich teilten und zum Einstieg drängten. Eben noch beinahe allein am Bahnsteig, fand sich der Onkel Franz inmitten einer anonymen Menge wieder, die ihn mitzureißen drohte. Er wurde zwar nicht tatsächlich körperlich bedrängt, es kam ihm aber so vor. Er war es einfach nicht gewohnt, sich inmitten solcher Massen zu bewegen.

*

So mied der Onkel von je her Volksfeste und Bierzelte und auch auf dem Wochenmarkt wich er oft auf die Wege hinter den Verkaufsständen aus. Denn der Andrang ist groß am wöchentlichen Ereignis seiner Heimatstadt und zwischen den Ständen wogt ein Strom von Besuchern, der mit dem hier am Bahnsteig durchaus mithalten konnte. Da es aber dennoch hie und da nicht zu vermeiden war, sich durch die Mitte dieses Auflaufs zu bewegen, hatte der Onkel eine Technik entwickelt, die er scherzhaft „Pensionisten-Slalom" nannte.

Wie ein Skirennläufer wich er dabei geschickt den auf ihn zukommenden Hindernissen einmal links, einmal rechts aus, um ans Ziel zu gelangen. Wobei er der Meinung war, ein Slalomläufer habe es eindeutig leichter, da dieser es nur mit feststehenden Toren zu tun hat. Bei des Onkels Disziplin ist es nicht ganz so einfach. Manche der Mitmenschen, denen es auszuweichen gilt, stehen wie angewurzelt im Weg, andere bewegen sich sturheil auf einen zu. Dann gibt es welche, die vor einem zwar in dieselbe Richtung gehen, aber das selbst für einen gemütlichen Menschen wie den Onkel Franz in einer enervierenden Langsamkeit. Da gilt es dann zum Überholen anzusetzen, ohne mit dem Gegenverkehr zu kollidieren. Eine besondere Herausforderung beim Pensionisten-Slalom waren aber die abrupten Bremser sowie auch die ohne Vorankündigung scharf Abbiegenden.

*

Dieses Training kam dem Onkel nun zugute und er suchte sich geschickt einen Weg durch die Menge. Bestieg die Bahn, ohne nennenswert in Körperkontakt mit den anderen Reisenden gekommen zu sein, und ergatterte sogar einen Sitzplatz in Fahrtrichtung. Einer Fahrtrichtung, die sich hier an der Endstation ja nun umkehrte in jene, aus der der Zug gekommen war. Das hatte er allerdings klugerweise einkalkuliert und so saß er nun richtig, als sich die Garnitur in Bewegung setzte. Nicht, dass ihm wirklich schlecht geworden wäre, aber wohler war ihm dennoch dabei, das auf ihn Zukommende im Blick zu haben. Wenn auch kaum etwas zu sehen war, denn der größte Teil der Strecke wurde durch dunkle Tunnels zurückgelegt. Untergrundbahn eben.

Ab und an kam man aber dennoch ans Tageslicht und zufrieden stellte der Onkel dabei fest, dass schönes Wetter herrschte. Die Sonne schien und es war – wie er schon beim Ausstieg aus der S-Bahn festgestellt hatte – leidlich warm. Das hob die Stimmung des Onkels und er musste unweigerlich lächeln. Wenn ihm die Reise auch, wie schon vermehrt erwähnt, grundsätzlich unangenehm war, sein Grundnaturell war ein freundliches, zufriedenes. Und nun war er ja auch beinahe am Ziel, und diese Tatsache trug zusätzlich zur Hebung seiner Stimmung bei.

Zwei der vier Stationen bis zu seinem Umstieg waren bereits an ihm vorbeigezogen und der Onkel Franz begann mangels anderer Beschäftigung seine Mitreisenden einer genaueren Betrachtung zu unterziehen. An den Haltestellen Friedensbrücke und Roßauer Lände waren so manche aus- und andere zugestiegen. Auch neben dem Onkel und gegenüber saßen nun andere Personen als zu Beginn. Was aber keinen großen Unterschied machte. Letztlich ließen sich die Passagiere grob in drei (mit dem Onkel vier) Gruppen unterteilen.

Gruppe eins blickte teilnahmslos auf einen Punkt, der sich in etwa dreißig Zentimeter vor deren Augen befinden mochte. Weiter stieß dieser Blick nicht vor, selbst wenn er zufällig geradewegs auf den Onkel oder andere Mitreisende gerichtet sein mochte. Gruppe zwei war stumm mit dem Smartphone beschäftigt, ähnlich wie es schon auf der ersten Etappe der Reise bei den Jugendlichen in der Regionalbahn zu beobachten gewesen war. Gruppe drei – und die war nun die auffälligste – redete ohne Unterlass. Und zwar in einer Lautstärke, als wäre sie alleine im Abteil. Deren Vertreter sprachen entweder direkt in ihr Mobiltelefon oder hatten Knöpfe im Ohr, die zusätzlich auf Kinnhöhe über ein kleines Mikrofon zu verfügen schienen.

Es war nun in etwa halb vier Uhr nachmittags und die scheinbar Selbstgespräche Führenden wohl gerade auf dem Heimweg nach einem frühen Büroschluss oder unterwegs zu einer wie auch immer gearteten Verabredung. Das ging zumindest aus ihrer Konversation hervor, die der Onkel Franz zwangsläufig mithören musste. Da wurde zum Beispiel vermutlich dem Lebenspartner mitgeteilt, wie viele Stationen es noch wären bis zur Heimkunft, was tagsüber so passiert sei. Dass man eh schon beim Billa gewesen wäre und die bestimmte Sorte Nudeln besorgt hätte. Jetzt käme man gerade zum Schottenring, dann noch zehn Minuten zu Fuß, dann bin ich zu Hause und was ich noch erzählen wollte, die Susi, weist eh, die Blonde vom Büro, ja, genau die, die schaut dann später auch noch vorbei, aber das erzähl' ich dir dann, wenn ich ... wie? Ja, eh, hab' ich auch schon gehört. Mit dem Othmar, stell dir vor. Bussi, steig' jetzt aus, bin schon fast bei dir.

Von der Dame neben ihm bekam der Onkel wohl oder übel die aktuelle ärztliche Diagnose mit, und der junge Mann gegenüber verkündete gerade, dass er den amtierenden Bundeskanzler urblöd finden würde. Dazu die, wie schon erwähnt, stumpf vor sich hin Schauenden und jene, die in irgendwelche Internetrecherchen oder -spiele vertieft waren. Was definitiv nicht zu beobachten war, waren Menschen, die miteinander sprachen. Also von Angesicht zu Angesicht. Selbst wenn da und dort zu vermuten war, dass nebeneinander Sitzende zusammengehörten, konnte der Onkel in Sichtweite niemanden ausmachen, der auf die altmodische Art eine Unterhaltung führte. Die Szenerie wirkte auf ihn, den Provinzbewohner, äußerst befremdlich. Vor allem fragte er sich, was diejenigen, die gerade ihrem Partner ihren Tagesablauf en detail schilderten, ihm dann zu Hause noch zu erzählen haben würden.

Insgesamt also ein aus des Onkels Sicht seltsames Verhalten. Das ihm auch irgendwie gegen den Strich ging. Das kann doch nicht sein, dachte er, dass hier niemand miteinander redet! Er beschloss, etwas ganz Verwegenes zu versuchen. Die etwa fünfzigjährige Dame ihm gegenüber, Angehörige der Gruppe eins, deren Blick einen Punkt etwa auf Höhe seiner Stirn fixiert hatte, wählte er dazu als Versuchsperson aus. Er streckte sich etwas, wodurch Augenkontakt hergestellt wurde (ob sie ihn dabei schon wahrnahm, konnte er nicht sagen), und sprach die Frau lächelnd an.

„Schon praktisch, die U-Bahn, gell?" Keine Reaktion. „Ich mein', jetzt ist es ja schön, aber wenn's regnen tät', kommt man trocken überall hin in der Stadt. Praktisch." Nun hatte sie anscheinend realisiert, dass der komische Mann mit dem Hut nicht in irgendein unsichtbares Headset sprach, sondern tatsächlich sie persönlich meinte. „Zu Fuß wär's ja auch zu weit und mit dem Auto steht man wahrscheinlich meistens im Stau, stell' ich mir vor. Oder?" Der Mann wollte tatsächlich eine Unterhaltung führen! Das überforderte die Dame augenscheinlich. Ihr Oberkörper wich instinktiv zurück und sie bedachte den Onkel mit einem halb tadelnden, halb ängstlichen Blick. Schnappte sich ihre Einkaufstasche und stand wortlos, den Kopf leicht schüttelnd, auf. Entfernte sich Richtung Ausstieg und wandte sich dabei noch zwei-, dreimal zum Onkel um. Fast, als wollte sie sich vergewissern, dass ihr der suspekte Mann nicht folgte.[7]

---

7 Denjenigen unter der geneigten Leserschaft, welchen die Reaktion der Dame übertrieben vorkommt, empfehle ich, des Onkels Experiment nachzustellen. Falls Sie gerade keine U-Bahn zur Hand haben, eine Supermarktkasse zur Stoßzeit tut's auch.

Da die Garnitur zur selben Zeit zu bremsen begann – man hatte die Station Landstraße erreicht –, musste sie sich dabei von Stange zu Stange hanteln, um nicht zu stürzen. Als die Bahn zum Stillstand gekommen war und sich die Türen öffneten, stieg sie allerdings nicht aus, es war wohl noch nicht ihr Halt. Nachdem sich die Türen wieder geschlossen hatten und die Fahrt fortgesetzt wurde, sah die Frau noch mehrmals in des Onkels Richtung. Der sich wiederum nun über die kleine Szene amüsieren konnte. Wie leicht doch Unruhe in die Herde zu bringen war! Beziehungsweise in eines ihrer Mitglieder. Denn die anderen Mitreisenden zeigten keinerlei Anzeichen, auch nur ansatzweise Notiz davon genommen zu haben.

*

Während der Onkel Franz noch so vor sich hin schmunzelte, fiel sein Blick auf den Streckenplan an der Kabinenwand. Das Lächeln verschwand augenblicklich aus seinem Gesicht und machte einem ausgiebigen Stirnrunzeln Platz. Er hatte – so viel konnte er aus der Distanz erkennen – den Zeitpunkt zum Umsteigen verpasst, die Station Schwedenplatz, an der er zur Linie eins wechseln wollte, lag hinter ihm.

Um herauszufinden, was nun zu tun sei, welche der nächsten Haltestellen ihm Anschluss bieten würde, musste der Onkel wohl oder übel aufstehen und näher an den Plan herantreten. Um alle Details genau erkennen zu können, war er dann doch zu weit entfernt. Da während der Fahrt die Garnitur jedoch immer wieder leicht schwankte, traute er es sich nicht zu, dabei im für ihn ungewohnten Verkehrsmittel herumzugehen. Außerdem stand die von ihm vorhin verschreckte Dame noch immer vorm Ausstieg und eben in dessen Nähe an der Wand befand sich besagter Fahrplan. Würde er sich – zweifellos schwankend – jetzt auf sie zu bewegen, wer weiß, welche

Reaktion das bei ihr auslösen würde. Also wollte er warten, bis sie den Waggon verlassen hätte, und erst während des darauffolgenden Halts sich erheben, um zum Plan zu gelangen.

Kaum war dies zu Ende gedacht, erreichte man den Stadtpark, die U-Bahn hielt, die Dame stieg aus. Nicht ohne ihm noch einmal einen kopfschüttelnden Blick zuzuwerfen. Die Fahrt wurde fortgesetzt, um nach bereits kurzer Strecke den nächsten Stopp einzulegen. Der Onkel konzentrierte sich ganz auf seine nächsten Schritte. Als die Garnitur beinahe zum Stillstand gekommen war, begann er sich vorsichtig zu erheben. Nahm mit der einen Hand seine Tasche an sich und zog sich mit der anderen an einer der Stangen hoch. Bewegte sich vorsichtig, immer wieder Halt suchend, die kurze Strecke zum Ausstieg hin und erreichte so endlich sein Ziel. Er war mit der Koordination seiner Bewegungen derart beschäftigt – auf gar keinen Fall wollte er ein tollpatschiges Bild abgeben –, dass er nicht auf die Durchsage aus den Lautsprechern achtete. Die teilte den Reisenden nämlich gerade mit, dass man eben die Station Karlsplatz erreicht habe, wo Umsteigemöglichkeit zur U1 bestünde.

So war er gerade beim Streckenplan angekommen, als die Linie vier mit einem leichten Ruckeln den Karlsplatz wieder verließ, um ihren Weg Richtung Hütteldorf fortzusetzen. So was Blödes, jetzt bin ich schon fast am Ziel und wieder fahr' ich falsch in der Gegend herum! Schluss, aus, beim nächsten Halt steig' ich aus und geh' zu Fuß zurück zum Karlsplatz. Mit diesen Gedanken verbrachte der Onkel Franz die kurze Zeit stehend vorm Ausstieg, sich an einer der Schlaufen über ihm festhaltend.

Station Kettenbrückengasse, die Türen öffneten sich, der Onkel stieg aus. Ging schnellen Schrittes, wieder den anderen geschickt ausweichend, die Treppen hoch ans Tageslicht. Atmete tief durch und orientierte sich. Gerüche stiegen in seine Nase, bekannte und andere, die er nicht zuordnen konnte. Auf jeden Fall lösten die Düfte ein Hungergefühl beim Onkel aus, erinnerten ihn daran, längere Zeit schon nichts Anständiges gegessen zu haben. Gut, die Brote der Tante in der Früh, die Würstel in St. Pölten sowie das Schweinerne in Zwentendorf. Und einen Apfel vom Karl-Marx-Hof. Aber immerhin war es schon etwa vier Uhr und eine vernünftige Mahlzeit schien angebracht. Er folgte den Gerüchen, ging einen schmalen Durchlass zwischen zwei kioskartigen Gebäuden hindurch und stand mitten am Naschmarkt.

12

Wie schon kurz zuvor angesprochen, hatte der Onkel Franz keine rechte Freude, sich in größeren Menschenansammlungen zu bewegen. So möchte man annehmen, dass er dem regen Treiben zwischen den Ständen des Wiener Naschmarktes so rasch wie möglich auch wieder den Rücken gekehrt hätte. Dem war aber nicht so. Vielmehr wurden Erinnerungen wach. Erinnerungen an die lang zurückliegende Wien-Reise mit der Tante. Einer der Höhepunkte damals war der Besuch eben dieser Genussmeile. Beide waren sie begeistert vom Angebot, der Vielfalt der Speisen und dem Nebeneinander von Leberkäs und Falafel, Schweinsbraten und Meeresfrüchten.

Und eben von jenem Gemisch der Gerüche, das dem Onkel nun wie auch schon damals in die Nase stieg, wurden Bilder seines ersten Naschmarktbesuches wieder derart stark in sein Bewusstsein gerückt, als wär's gestern gewesen. Was hatten sie nicht alles probiert und eingekauft. Die Tante – versierte Köchin in allen Belangen der Innviertler Hausmannskost – war von einem Gewürzstand zum anderen geeilt, hatte sich ihr bis dato unbekannte Kräuter und Mischungen genauestens erklären lassen und ist seither stolze Besitzerin eines Gewürzregals mit höchst exotischer Bestückung. Der Onkel Franz hatte es persönlich angefertigt und aufgehängt.

Und wenn er auch eher ein Liebhaber der traditionellen Kost seiner Heimat ist, die Variationen, die seine Frau seither ab und an auf den Tisch bringt, finden seine Zustimmung. Ob es ein Braten vom Schwein ist, Geflügel oder faschierte Laibchen, die Tante setzte dabei nun manchmal geschickt dosiert die aus Wien mitgebrachten Gewürze ein. Kreuzkümmel etwa oder Kardamom, mit Vorliebe aber eine geheimnisvolle Curry-Mischung, die sie damals von einem – wie sie bis heute betont – „echten" Inder erworben hatte. In verschraubbaren Gläsern, liebevoll von Hand beschriftet, bewahrt sie diese Schätze bis heute auf. Durch sparsamen Umgang sind auch noch immer Restbestände vorhanden. Der Onkel hatte gerade beschlossen, eben diese aufzufüllen.

Nach einem „echten" Inder Ausschau haltend – der damals trug einen prächtigen Turban –, marschierte er durch die Reihen der Stände. Gewürzhändler gab es viele, Turbane auch. Er war leicht überfordert. Dazu meldete sich auch sein Hunger wieder. Werd' ich also zuerst etwas Anständiges essen, dachte er, und eingekauft wird danach. Nur welches der unzähligen Lokale des Naschmarktes sollte er auswählen? Mit dieser Unentschlossenheit war er von einem Gastgarten zum anderen wandernd mittlerweile schon am Ende des Marktes angelangt und stand nun vor einem Fischlokal.

*

Fisch isst der Onkel Franz eher selten. Nicht, dass er den Geschmack nicht mag, die Konsistenz ist es, die ihn meist davon abhält. Zu weich, kein Biss, lautet sein Urteil oft. Er kaut gerne. Will etwas spüren vom Stück Fleisch in seinem Mund. Doch vor allem sind es die Gräten, die ihn davor zurückschrecken lassen, sich Fisch im Gasthaus zu bestellen. Ab und zu besteht die Tante aber auf die gesunde Kost und er gibt nach. Wohl auch, weil er weiß, dass seine Frau mit einer eigens für diesen Zweck erworbenen Pinzette akribisch auch die kleinste Gräte entfernt, bevor sie das Fischfilet auf der Hautseite anbrät. Und dass sie beim Einkauf auf Qualität achtet und auf Frische. Zu Hause im Innviertel gibt es mehrere Fischteichbesitzer, auf die man hier zurückgreifen kann.

*

Der Onkel machte auf dem Absatz kehrt in der Absicht, die Reihen der Stände ein weiteres Mal nach einem Beisel abzusuchen, das ihm zusagte, als vom Gastgarten des Fischlokales her jemand seinen Namen rief. Und ein zweites und drittes Mal. Zuerst fühlte er sich nicht angesprochen, wandte sich nur halb um. Franz hieß man ja gleich einmal in Wien. Sogar der letzte Kaiser hörte auf diesen Vornamen. Aber als er wiederholt die Worte „Hallo, Franz, hier ...!" vernahm, hielt er nun doch Ausschau nach dem Urheber des Rufes. Ließ seinen Blick über die gut besetzten Tische schweifen und wurde alsbald fündig.

Karim, der junge Syrer, war es, mit dem er nun Augenkontakt hergestellt hatte und der sich, jetzt noch immer mit hochgestrecktem Arm winkend, von seinem Platz erhob. Die beiden Männer gingen aufeinander zu und der Onkel Franz erwiderte das strahlende Lächeln der Wiedersehensfreude des Mannes aus Damaskus. „Franz, wie schön! Komm, setz dich zu mir, du hast sicher Hunger." Sie schüttelten sich die Hände und Karim legte ihm dabei seine Linke auf die Schulter, was der Andeutung einer Umarmung gleichkam. Zog ihn dabei bereits in Richtung seines Tisches und der Onkel ließ sich dies alles gerne gefallen. Erstens freute er sich auch ehrlich über das unverhoffte Wiedersehen und zweitens hatte er ja tatsächlich Hunger. Was Karim offensichtlich erraten hatte.

*

„Bist du also nun doch endlich in Wien angekommen. Und hier sehen wir uns wieder." Die beiden Männer saßen sich nun gegenüber und der Syrer strahlte noch immer über das ganze Gesicht. Dem Onkel Franz war die Gesellschaft des Mannes angenehm, wie schon beim ersten Zusammentreffen. Als kenne man sich bereits ewig. „Du isst jetzt mit mir, ich habe gerade bestellt und wir teilen. Nichts Besonderes. Fisch und Brot, ein paar Oliven. Dazu Wein. Hier, das ist mein Glas, nimm und trink daraus. Ich besorge noch eines. Und einen zweiten Teller."

Er winkte einem Mann mit schwarzer Schürze und einem Kopftuch, das an einen Piraten erinnerte. Gab ihm Handzeichen, die dieser, wie es schien, zu deuten wusste. Denn kurz darauf trat er an den Tisch und stellte eine Platte mit verschiedensten Fischstücken, Oliven und Fladenbrot in die Mitte des Tisches. Vor jeden der beiden platzierte er einen kleinen Teller nebst Besteck. Auch eine Karaffe Weißwein und ein weiteres Glas hatte er dabei. Schenkte ein und streckte dem Onkel die nun frei gewordene Hand zum Gruß entgegen. „Erkan, grüß dich. Willkommen in meinem Haus. Freunde von Karim sind auch meine Freunde", stellte sich der Pirat beim Onkel vor. Er war etwas untersetzt und sprach mit leichtem Akzent. Nachdem er beiden noch wie zum Abschied die Hände auf die Schultern gelegt hatte, machte er auch schon wieder kehrt und entschwand. Kümmerte sich um die anderen Gäste und dirigierte gleichzeitig mit kaum merklichen Gesten seine Angestellten.

„Erkan ist der Chef hier, wie man sieht", klärte Karim den Onkel Franz auf, der ihn mit fragendem Blick angesehen hatte, „wir kennen uns schon länger. Ist mit achtzehn Jahren mit seinem Vater aus Istanbul hierhergekommen. Sollte studieren, wollte aber lieber arbeiten. Alle möglichen Jobs hat er gemacht, bis er dann ein Fischgeschäft eröffnet hat. Und später kam dann das Lokal dazu. Der weiß, was er tut. Und kennt hier viele Leute. Hat mir von Anfang an geholfen, als ich aus Syrien kam. Er hat ein gutes Herz. Aber jetzt wollen wir essen. Komm, wir teilen Fisch und Brot und Wein, wie in alten Zeiten." Wieder dieses milde, jungenhafte Lächeln. Der Onkel war sprachlos. Von allen Begegnungen auf seiner seltsamen Reise war die mit Karim die rätselhafteste. Aber auch die angenehmste.

Der Onkel Franz schloss nicht schnell Freundschaften. Aber diesen Mann, der ihm da gegenübersaß, sollte er, wenn er später der Tante davon erzählen würde, als einen Freund bezeichnen. Und so aßen sie nun hier am Naschmarkt zusammen und gaben sich gegenseitig Bericht, wie es ihnen in der Zwischenzeit ergangen war. Besonders interessierten den Onkel Karims Fortschritte bei der Arbeitssuche. „Sieht gut aus", antwortete dieser ihm, „der Termin bei den Vereinten Nationen war vielversprechend." Dolmetscher würden gerade aufgenommen, vor allem seine speziellen Sprachkenntnisse wären gefragt. Man würde sich auch um die bürokratischen Hürden kümmern und es sollte nun nicht mehr lange dauern, bis man ihn anstellen könne.

„Weißt du", sagte der Syrer dann nach einer kleinen, nachdenklichen Pause, „eigentlich verdanken wir Dolmetscher unseren Beruf ja König Nimrod von Babylon." Der Onkel Franz war zwar nicht wirklich bibelfest, konnte sich aber in etwa denken, worauf angespielt wurde. Dennoch fragte er nach, wollte genauer aufgeklärt werden. „Turmbau zu Babel. Etwa vor dreitausendsiebenhundert Jahren war das", begann Karim nach einem Schluck Wein zu erzählen, „nachzulesen im hebräisch-aramäischen Teil im ersten Buch Mose. Nimrod forderte Gott Jahwe heraus und ließ einen Turm bauen, der bis zum Himmel reichen sollte. Einerseits, um damit einer etwaigen zweiten Sintflut zu trotzen, andererseits, um Gott an Größe gleichzukommen. Der aber beendete das Vorhaben unblutig, indem er jedem Einzelnen eine andere Sprache gab. Denn davor sprachen alle Menschen gleich. Seither nicht mehr. Und da sie sich nun nicht mehr verstanden, konnten sie auch nicht weiter an dem Turm bauen. Er verfiel. Soweit das Buch Mose. Kannst du glauben oder nicht. Tatsache ist aber, dass sich die Menschen bis heute nicht verstehen. Sie brauchen einen Vermittler. Und da komme ich ins Spiel. Sagt man so?"

Gut gelaunt lächelte der junge Syrer den Onkel an. „Aha", meinte der darauf, „so war das also. Und in Damaskus hast du dir die Freiheit genommen, die Übersetzungen etwas abzuändern, wie du mir erzählt hast", der Onkel hob die Augenbrauen und sah sein Gegenüber forschend an, „und bei den Vereinten Nationen, da machst du das wieder, gell?" Karim blinzelte ihm zu und antwortete: „Wenn nötig, ja, glaub' schon."

*

Der Onkel Franz hatte selten so gut gegessen. Ab jetzt würde es zu Hause öfter Fisch geben. Und Weißwein. Der gemischte Satz vom Fuhrgassl-Huber aus Neustift am Walde hatte ihm ausgezeichnet gemundet. Es muss ja nicht immer Bier sein. Nach beendetem Mahl wurde dann noch der geplante Gewürz-Einkauf getätigt, und zwar mit Unterstützung Karims. Der Syrer kannte sich bestens aus in dieser Materie und auch mit vielen der Standbetreiber schien er gut bekannt zu sein. Es wurde ein launiger Marktbummel und der Onkel vergaß darüber beinahe den Grund seiner Reise. Karim war es, der ihn auf die fortgeschrittene Uhrzeit aufmerksam machte und ihn an den Termin beim Anwalt erinnerte. Muss ich ihm wohl bei unserem ersten Zusammentreffen erzählt haben, dachte der Onkel, der sich kurz gewundert hatte, woher der andere davon wissen konnte. Um weitere Komplikationen auf der nun wirklich letzten Etappe seiner Odyssee zu vermeiden, stimmte er dem Vorschlag Karims zu, sich von ihm den Weg zurück zur U-Bahnstation Karlsplatz zeigen zu lassen.

Sie gingen das Stück zu Fuß, vom Naschmarkt dorthin ist es nicht weit. Als sie so durchs nachmittägliche Wien schlenderten, sprachen sie kaum. Sahen sich nur ab und zu an und ein jeder schien seinen Gedanken nachzuhängen. Und am Bahnsteig – die U1 Richtung Oberlaa fuhr gerade ein – umarmten sie sich dann tatsächlich ganz selbstverständlich. Der Onkel Franz bestieg den Waggon und blieb an der sich schließenden Tür stehen, während die Garnitur anfuhr. Blickte dem zurückbleibenden jungen Mann aus Syrien noch nach, bis die Bahn im Tunnel verschwand. Karim hatte die rechte Hand mit leicht ausgestreckten Fingern zum Abschiedsgruß erhoben und lächelte.

13

Wien, zehnter Bezirk, Reumannplatz. Endlich am Ziel. Auch die Adresse war schnell gefunden. Der Onkel Franz hatte bei der Hausnummer zehn begonnen und wusste ja, dass er im schlimmsten Fall nur bis zur Nummer neunzehn alle Klingelschilder auf der Suche nach des Anwalts Namen durchsehen musste. Das blieb ihm aber weitgehend erspart, bereits auf etwa halber Strecke wurde er fündig. Das Messingschild des Advokaten war auch nicht zu übersehen, dominierte auffällig über die anderen im Hauseingang. Dem Schild war auch zu entnehmen, dass der Herr Doktor ebenfalls Notar war und im vierten Stock residierte.

Na hoffentlich gibt's einen Lift, dachte der Onkel, während er auf den Knopf der Klingel drückte. Nach einigen Sekunden ertönte blechern eine wahrscheinlich weibliche Stimme aus der Gegensprechanlage: „Ja bitte?" Er nannte seinen Namen und den Grund seines Besuchs. Antwort bekam er darauf keine, lediglich das Summen des Türöffners bedeutete ihm, dass er wohl eintreten dürfe. Und das tat er. Drückte das schwere Portal auf und fand sich in einem muffigen, dunklen Vorraum wieder, der alles andere als herrschaftlich anmutete.

Unzählige verbeulte Briefkästen waren da an der Wand und kniehoch stapelten sich Gratiszeitungen und Werbeprospekte neben der Tür zum Aufzug. Der nun wiederum schön war. Wie auch das Stiegenhaus war er wohl am Beginn des 20. Jahrhunderts entstanden und es herrschte Schmiedeeisen vor in einer Jugendstil-Ornamentik, wie sie dem Onkel gefiel. Die Kabine des Liftes war im Parterre und er öffnete das Scherengitter, um einzutreten. Wenn ihn die Optik auch ansprach, kamen nun aber Bedenken bezüglich der Sicherheit des alten Dings bei ihm auf. Nun, wird mich schon aushalten, dachte er und drückte auf den Knopf mit der Nummer vier, neben dem sich auch eine kleinere Version des Schildes vor der Eingangstüre befand. Ruckelnd fuhr der Lift an und brachte den Onkel Franz zwar langsam, aber dann doch sicher in den vierten Stock.

Hier war es nun freundlicher als unten. Eine große, milchige Glasfront, hinter der sich vermutlich ein Lichthof befand, sorgte für Helligkeit und in einer Nische stand eine große Bodenvase mit frischen Blumen. Er musste auch nicht lange suchen, um den Eingang zur Anwaltskanzlei zu finden. Es gab nämlich nur diese eine Tür, sodass die Vermutung nahelag, dass der Jurist über das gesamte Stockwerk verfügte. Als der Onkel noch überlegte, ob er anklopfen solle oder nicht, wurde ihm von einer jungen Frau geöffnet. Er wurde freundlichst mit Namen begrüßt und hereingebeten.

Auch das Reich der Vorzimmerdame war beeindruckend ausgestattet und wenn man sich auch nicht im ersten Bezirk in vorderster Lage befand, der Herr Doktor dürfte wohl bestens im Geschäft sein. Die lederne Sitzgruppe im Wartebereich des Foyers konnte der Onkel Franz nicht auf ihre Bequemlichkeit testen, er durfte sofort ins Büro des Anwalts eintreten. Er werde bereits erwartet, teilte ihm die Sekretärin mit und öffnete nach kurzem Anklopfen die Tür zum Reich ihres Chefs. Der Onkel bedankte sich mit einem freundlichen Nicken bei der Mitarbeiterin und trat ein.

Der Anwalt, der gerade noch irgendein wohl wichtiges Schriftstück studiert hatte, unterbrach diese Tätigkeit sofort, stand auf und ging um seinen schweren Schreibtisch herum auf ihn zu. Mit breitem Lächeln und zum Gruß ausgestreckter Hand. Schüttelte die des Onkels ausgiebig und beteuerte mehrmals, wie sehr er sich freue. Bot ihm den Besucherstuhl an, um sich daraufhin wieder auf seinen Chefsessel zu begeben.

Der Mann war eine imposante Erscheinung. Zwar nicht wirklich groß, erweckte er dennoch durch seine Körperfülle und den tadellos geschneiderten dreiteiligen Anzug einen gewichtigen Eindruck. Der Siegelring am kleinen Finger der linken Hand, eine goldene Uhrkette sowie auch der penibel getrimmte Van-Dyke-Bart ließen eine gewisse Eitelkeit vermuten. Es saßen sich also nun zwei Männer gegenüber, wie sie unterschiedlicher nicht hätten sein können. Zumindest optisch. Denn als der Jurist nun weitersprach, bediente er sich einer eher volkstümlichen, hemdsärmeligen Sprache, die so gar nicht zu seinem Habitus passen mochte. Der Onkel Franz vermutete darin den Versuch, sich dem neuen Mandanten anzugleichen. Wahrscheinlich würde der Herr Anwalt beim nächsten Besucher vollkommen anders auftreten. Und das machte ihn sogleich etwas misstrauisch.

„Na, das gfreut mich, dass S' hergfunden haben zu mir, mein Lieber. War's eine weite Reise, gell?" – „Ja, ja, ist schon gegangen", antwortete der Onkel, nicht willens, nähere Auskunft über seine Odyssee zu geben, „aber jetzt bin ich ja da. Und würd' gern die Sache schnell hinter mich bringen, damit ich noch heut' einen vernünftigen Zug nach Hause bekomm'." – „Na, da sind wir dann gern behilflich, gell. Aber Sie haben schon recht, gehn wir's an." Sprach's und öffnete den Aktenordner, der vor ihm lag. „Zuallererst muss ich Ihnen natürlich mein Beileid aussprechen zum Ableben Ihres lieben ... was war er noch mal zu Ihnen ... Großcousin?" – „Ja, danke." Der Onkel Franz war sich ja über den korrekten Verwandtschaftstitel auch nicht hundertprozentig im Klaren. „Gut gekannt haben wir uns eigentlich nicht, auch Jahrzehnte nicht mehr gesehen." – „Nichtsdestotrotz, als letzter lebender Angehöriger sind Sie nun alleiniger Erbe und es fällt Ihnen damit der Besitz des Verstorbenen zu."

Der Herr Doktor war nun wieder im Anwaltsmodus und sprach geschäftig weiter. „Ich verlese nun eine Liste der Ihr Erbe umfassenden Wertsachen." Was nun folgte, war eine Aufzählung von Dingen, die nach einem Leben übrig blieben. Nichts von großem Wert, manches sehr persönlich. Eine kleine Briefmarkensammlung etwa. Anscheinend dem Hubert sehr wichtig gewesen, weil noch im Pflegeheim in der Nachttischlade aufbewahrt. Neben einer schön gebundenen Bibel waren ebenfalls ein schon recht altes Taschenmesser mit Perlmuttgriff und eine Armbanduhr Teil der Hinterlassenschaft. Diese Dinge beschloss der Onkel Franz mit nach Hause ins Innviertel zu nehmen und in Ehren zu halten. Den Rest, darunter verschiedene Kleinmöbel und etwas Kleidung, sollte das Heim behalten und nach eigenem Ermessen darüber verfügen. Das teilte der Onkel dem Anwalt und Notar mit, nachdem dieser am Ende der Liste angelangt war.

Und als er schon glaubte, damit wäre die Amtshandlung beendet, es bliebe nun nur noch die eine oder andere Unterschrift zu leisten und er könne sich alsbald auf den Heimweg machen, zog der Jurist ein weiteres Blatt aus dem Ordner hervor und fuhr fort: „Und nun noch eine Formalität, das Vermögen des Verstorbenen betreffend. Ich muss das kurz erläutern. Barschaft ist keine vorhanden, auch kein Sparbuch im klassischen Sinn. Was allerdings im Besitz Ihres Verwandten war und jetzt auf Sie übergeht, ist eine kleine Beteiligung an einer Aktiengesellschaft. Nicht mehr viel, zwei Prozent nur, aber immerhin. Der Erblasser hat das Paket wohl vor langer Zeit zum Zwecke der Altersvorsorge erworben. Über die Jahre hinweg wurden dann ja auch mit den Dividenden und einem angelegentlichen Verkauf eines Teiles der Anteile die Pflegekosten bestritten. Da das Unternehmen in der Zwischenzeit jedoch kräftig gewachsen ist, kann ich Ihnen für den Rest heute noch einen stattlichen Betrag erzielen. Wenn Sie mir also nur noch hier … und hier“, er legte dem Onkel das Blatt vor und deutete auf die dementsprechenden Linien, „unterschreiben würden. Dann kann ich das Paket auflösen, sprich veräußern und Ihnen den Erlös auf Ihr Konto überweisen. Ist ein schönes Sümmchen.“

Er schrieb eine Zahl auf seinen Notizblock und schob diesen zum Onkel Franz hinüber. „Mache ich selbstverständlich provisionsfrei. Ist für mich keine große Sache und Sie sind die Formalitäten los." Gönnerhaft lehnte er sich zurück.

Der Onkel sah sich die Zahl an. Viele Stellen, viele Nullen. Beeindruckte ihn nun aber nicht wirklich. Wie bereits erwähnt, hatte er zum Geld noch nie eine innige Beziehung gehabt und war schon immer der Meinung gewesen, genug davon zu haben. Genug bedeutete in diesem Fall, dass ihm das Wenige, das er hatte, genügte. Alles, was darüber hinaus ging, war ihm beinahe gleichgültig. Was ihm allerdings nicht gleichgültig war und ihm nicht entging, war die Art, wie der Anwalt versuchte, über den Verkauf der besagten Anteile zu bestimmen. Auf eine etwas plumpe Art, wie der Onkel meinte. Aber wahrscheinlich dachte der studierte Herr, hier einen recht simplen Charakter vom Land vor sich zu haben, den er mit seiner zur Schau gestellten Expertise und der doch ziemlich hohen Summe leicht dazu bringen könne, seinem Vorschlag ohne Weiteres zuzustimmen.

Da befand er sich allerdings im Irrtum. Im Gegenteil. Derartiges verstärkte nur noch das anfängliche Misstrauen des Onkels. Erweckte in ihm den Verdacht, dass man ihn, aus welchem Grund auch immer, überrumpeln wollte. Er schalt sich zwar insgeheim gleichzeitig einer gewissen Paranoia, beschloss aber dennoch, seinem Gefühl nachzugeben und den Fortlauf der Dinge etwas abzuändern.

„Gut", übernahm er die Gesprächsleitung, „dann weiß ich jetzt soweit Bescheid und bin informiert. Ich nehm' mir jetzt die Unterlagen über dieses Aktiendings erst einmal mit und melde mich demnächst, wie ich mich entscheide. Vielleicht ja auch schon in einer Stunde. Da unten im Nebenhaus ist ein nettes Café, wie ich vorhin gesehen habe. Da geh' ich jetzt hin und denk' ein bisserl über die Sache nach, gell?" Der Anwalt zeigte einen Anflug von Verwunderung, für einen guten Beobachter – und der Onkel Franz war ein solcher – war aber auch versteckter Ärger mit im Mienenspiel. „Ganz wie Sie meinen", sagte er mit wackelndem Kopf, „man soll ja auch nichts überstürzen." Dabei sortierte er mit gesenktem Blick die vor ihm liegenden Blätter und ordnete etliche davon in einen dunkelroten Kartonhefter ein. Diesen übergab er dem Onkel, nun wieder aufschauend mit professionellem Lächeln. Der nahm die Mappe entgegen und verstaute sie in seiner Tasche.

Beide Männer erhoben sich. „Dann ist ja vorerst alles soweit geklärt", fuhr der Jurist fort. „Die von Ihnen ausgewählten Dinge lasse ich an Ihre Heimatadresse schicken. Und wenn Sie sich doch noch heute entscheiden können, meinem Rat bezüglich der Wertpapiere zu folgen, ich bin noch den ganzen Nachmittag hier zu erreichen." Damit geleitete er den Onkel zur Tür seines Büros. Brachte ihn auch bis zum Ausgang der Kanzlei und schüttelte dort noch einmal kräftig seine Hand.

*

Da stand er nun, der Onkel Franz, im Jugendstil-Aufzug, mit dem er gekommen war, und fuhr wieder hinunter ins gar nicht so herrschaftliche Parterre. Verließ das Gebäude, um tatsächlich das danebenliegende Café zu betreten.

Alt war es, das Lokal, beziehungsweise dessen Einrichtung. Aber nicht so alt, wie man es vom klassischen Wiener Kaffeehaus kannte. Teile dieses traditionellen Interieurs waren zwar noch vorhanden – da gab es zum Beispiel noch einige Tische mit Marmorplatte und Gusseisenfuß –, aber der Rest war wohl in den letzten fünf Jahrzehnten Stück für Stück dazugekommen. So konnte man an der Wand befestigte Blumenvasen und anderes Dekor aus den späten Sechzigern ebenso bewundern wie verschiedenfarbige Stühle, die eindeutig den Siebzigerjahren zuzuordnen waren. Das Stoffdesign der Sitzbezüge sowie die auf gerahmte Spiegel gedruckten Spirituosenwerbungen an der Wand wiederum kannte man aus den Achtzigern. So ging es munter weiter durch die Jahrzehnte. Auch die Kaffeekannensammlung auf einem Sims über dem Kücheneingang repräsentierte alle Epochen. Dennoch ging von dem kleinen Lokal eine nicht unangenehme Gemütlichkeit aus.

Der Onkel Franz wählte einen Sitzplatz im hinteren Teil, es wurde ja schon erwähnt, dass er gerne alles im Blick hat. Nachdem er seine Brille aufgesetzt hatte, studierte er die kleine Karte, die in Form eines dreiseitigen Tischaufstellers vor ihm stand. Da gäb's jetzt wieder so ein Fiakergulasch, herrlich! Dazu ein Krügerl Ottakringer, was will man mehr. Der Onkel entschied sich aber schweren Herzens gegen dieses Ensemble, hatte er doch erst vor Kurzem Fisch, Brot und Wein zu sich genommen. Hunger konnte er nun wirklich keinen mehr haben. Also bestellte er bei der äußerst freundlichen, für ihr reifes Alter vielleicht ein bisschen zu stark geschminkten Kellnerin einen Großen Braunen nebst Apfelstrudel. Während er darauf wartete, holte er den roten Ordner hervor. Legte ihn auf den Tisch und begann die Papiere zu studieren.

Auf den ersten Blick war aus den Schriftstücken nicht viel herauszulesen. Die Aktiengesellschaft, deren zweiprozentiger Anteilhalter der Onkel nun offensichtlich war, trug den Namen Rotwang AG, Firmensitz war Liechtenstein. Mehr konnte er beim besten Willen nicht in Erfahrung bringen. Weder womit sich die Firma beschäftigte, was sie herstellte noch wem die restlichen 98 Prozent gehörten. Jetzt bin ich also genauso gescheit wie vorher, dachte der Onkel gerade, als die Bedienung seine Bestellung brachte. Der Apfelstrudel sah gut aus. Irgendwie bildete sich in des Onkels Gehirn eine Beziehung der beiden Begriffe Apfel und Aktie. Fängt beides mit A an und hat fünf Buchstaben. Aber wie komm' ich bloß drauf? Was sollten Äpfel mit Aktien zu tun haben?

Natürlich! Urplötzlich war es ihm eingefallen. Er griff erneut in seine Tasche und förderte den braunen Papiersack zutage. Den mit den Äpfeln, die ihm Albert Marx, genannt Charly, mit auf den Weg gegeben hatte. Zwei waren noch drin, aber die interessierten den Onkel jetzt nicht. Die aufgedruckte Telefonnummer war es, die er brauchte. Wenn jemand etwas vom Aktienhandel verstand, dann der ehemalige Investment-Banker! Er winkte der Kellnerin und bat um ein Telefon. Nachdem ihm das Schnurlos-Gerät gebracht worden war, wählte er die Nummer des Aussteigers. Nach fünfmaligem Läuten wurde abgenommen. „Ja, Marx, wer stört?" Der Onkel gab sich zu erkennen und löste damit am anderen Ende der Leitung einen freudigen Wortschwall aus. „Ja der Franz, das ist ja nett! Bist schon in Wien? Wie geht's dir? Kommst bald vorbei bei mir? Wär' super, zeig' ich dir meinen Hof, meine Frau kocht uns auch was Schönes! Magst du Schweinsbraten?"

Der Onkel aß liebend gerne Schweinsbraten, aber das war nun nicht das vordringliche Thema. Er gab kurz Auskunft über seinen aktuellen Status, versprach, bald vorbeizuschauen und erklärte mit wenigen Worten den Grund seines Anrufes. Dass er Marx' Hilfe benötige, seinen Rat bezüglich besagter Firmenanteile. Dass er ja gar nicht wisse, was er da habe und wie damit am besten zu verfahren wäre. Auch vom überfallsartigen Angebot des Anwalts, den Verkauf des Paketes zu übernehmen und das dadurch bei ihm ausgelöste Misstrauen berichtete er.

Marx hörte sich das alles an und bat um ein paar Daten. Name der AG und einige Zahlenreihen, die auf dem Papier an bestimmter Stelle zu finden sein müssten. Der Onkel gab dies alles durch sowie auch die Telefonnummer des Cafés. Um die musste er die Dame hinter dem Tresen erst bitten. Wenn sich diese über das Verhalten ihres Gastes auch ein wenig wunderte, so zeigte sie es zumindest vorerst nicht. Notierte die Nummer auf einem Zettel und brachte ihn zum Tisch. Marx versprach umgehend zu recherchieren und zurückzurufen. Der Onkel legte auf und gab der Kellnerin das Telefon zurück. Nannte seinen Namen und sagte, es wäre möglich, dass man nach ihm verlangen würde. Die Servierkraft – mittlerweile ging der Onkel Franz davon aus, dass es sich wohl um die Inhaberin handelte – schüttelte kaum merklich den Kopf und begab sich wieder hinter das Tortenbuffet.

*

Der Apfelstrudel war gut, der Kaffee auch. Doch so recht konnte der Onkel beides nicht genießen, zu sehr ging ihm die unerwartete Erbschaft im Kopf um. Die Sache überforderte ihn. Gottlob war ihm auf der Reise die Bekanntschaft mit Charly Marx zuteil geworden, mit ihm hatte er einen vertrauenswürdigen Berater zur Seite. Wenn die beiden Männer sich auch gestern noch völlig fremd gewesen waren, der Onkel konnte sich auf seine Menschenkenntnis verlassen. Die kurze Zeit, die er mit Marx verbracht hatte, die Art der Unterhaltung, all das sagte ihm, dass er dem bärtigen Mann vertrauen konnte.

Über diese Gedanken verging die Zeit. Langsam fühlte er sich heimelig in diesem kleinen Café. Eine große Auswahl an Zeitungen hatten sie hier und der Onkel Franz blätterte einige davon durch. Stolperte dabei immer wieder über Artikel, die sich mit Themen beschäftigten, mit denen auch er am heutigen Tag konfrontiert gewesen war. War das wirklich nur ein einziger Tag gewesen? Derart viel Neues war da in komprimierter Form auf ihn eingeprasselt, dass es dem Onkel vorkam, er wäre schon länger von daheim weg. Daheim. Darauf freute er sich nun schon sehr. Endlich wieder in den angestammten Bahnen sich zu bewegen, die gewohnte Langsamkeit wieder anzunehmen. Die unverlangten Einblicke, die ihm geschenkt worden waren, abschütteln und sich dem lieb gewonnenen Alltag hingeben.

In diese Gedanken hinein ertönte das Klingeln des Telefons. Er sah auf. Beobachtete, wie die Serviererin abnahm und sich meldete. Ein paar Worte mit dem Anrufer wechselte und dann mit dem Gerät zu ihm herüberkam. „Für Sie, Herr Franz, ein Herr Marx. Noch einen Wunsch?" Ganz selbstverständlich, als wäre er ein langjähriger Stammgast. Der Onkel bat um noch einen Kaffee und nahm das Telefon entgegen. Nicht, dass ihm nach einem weiteren gewesen wäre, er glaubte nur, dass es sich einfach gehöre, noch etwas zu bestellen.

„Das ging aber schnell", meldete er sich daraufhin (in Wirklichkeit war es ihm wie eine Ewigkeit vorgekommen), „hast du was rausgefunden?" – „Gell, da schaust du", Marx lachte, „ich komm' halt immer noch in jedes Register rein, wenn ich will. Kinderspiel für mich. Aber diese Rotwang AG, die ist alles andere als eine Kinderei." Und Albert Marx begann zu berichten. Dass zum Zeitpunkt des Erwerbs der Aktien durch den Hubert beziehungsweise dessen Berater die Gesellschaft tatsächlich eine verhältnismäßig unscheinbare Company gewesen war. Die letzten Jahre dann aber explosionsartig gewachsen sei und heute ein beinahe unübersichtliches Geflecht von Beteiligungen und Tochterfirmen darstellen würde. Beinahe unübersichtlich, aber nicht für ihn! Er hätte es eben immer noch drauf.

Der Onkel hatte eine Zwischenfrage: „Und was stellen die nun eigentlich her?" – „Herstellen?", entgegnete Marx, „herstellen tun die gar nichts. Dafür halten sie hohe Beteiligungen an vielen Firmen hierzulande und auch anderswo auf der Welt. Bei manchen davon ist der Firmensitz sozusagen das Internet, also irgendwo. Kannst du mir noch folgen, Franz?" – „Nicht wirklich. Was wären denn das zum Beispiel für Geschäfte, die denen gehören?" – „Keine Dorfläden auf jeden Fall. Ich nenn' dir mal einige." Er begann mit einer Aufzählung, bei der es dem Onkel Franz direkt ein bisschen schwindlig wurde, kam ihm doch so manches bekannt vor.

„Da ist man zum Beispiel Mitbesitzer des größten Internet-Handelsportals. Die mit dem Warenkorb. An den wichtigsten E-Cash-Firmen ist man maßgeblich beteiligt und am Marktführer der Essenslieferdienste hierzulande. Der übrigens gerade dabei ist, die kleineren aufzukaufen. Eine andere Tochterfirma heißt ‚Poodle', ein Logistik-Start-up. Deren Gründer ist mit Mobile Computing Apps reich geworden und sitzt nun auch im Vorstand bei Rotwang. Genauso wie einer unserer einflussreichsten Bundesminister. Hat also auch die Politik die Finger drin. Aber innovativ ist diese Bande, das muss man denen lassen. Gründen eine Firma nach der anderen. Zum Beispiel ein großes Recycling-Unternehmen. Die wollen die Abfallverwertung revolutionieren. Haben da irgendein neues Verfahren erfunden. Und im Aufsichtsrat hab' ich schließlich noch zwei alte Bekannte von früher entdeckt. Beide Lobbyisten in Brüssel. Der eine setzt sich schon seit Jahren massiv für die Abschaffung des Bargeldes ein, der andere kümmert sich drum, dass man bei der Tierverwertung nicht zu genau hinschaut. So weit, so grauslich. Franz? Bist du noch dran?"

Der Onkel war noch dran, war aber schlichtweg sprachlos. Eigentlich konnte er gar nicht glauben, was er da gerade gehört hatte. Waren also tatsächlich viele der modernen Blödheiten, die er im Laufe seiner Reise mitbekommen hatte, mehr oder weniger in der Hand eines riesigen Firmenkonstrukts? Hatten hier tatsächlich maßgebliche Herrschaften ein Bündel an Fäden in der Hand, mit deren Hilfe sie einen Kurs steuerten, der jemanden wie ihn, der glaubte, noch gesunden Menschenverstand zu besitzen, schaudern ließ wegen der Zukunftsaussichten, die sich da auftaten? Und gab es überhaupt so etwas wie Zufall? Konnte es sein, dass gerade er nun im Besitz eines – wenn auch sehr kleinen – Anteils dieser Maschinerie war? Und vor allem, was wäre nun zu tun? Alles Fragen, die sich ihm aufdrängten und die er nun so oder in ähnlicher Form Albert Marx stellte. Die Antworten, die er bekam, zeigten ihm einerseits, dass Marx dieselben Bedenken wie er hegte bezüglich der schönen neuen

Welt, die da auf sie zukam, andererseits, dass er bereits Überlegungen angestellt hatte, ob und wie man hier eingreifen könne.

„Aber wie soll so was gehen?", war die nächste Frage des Onkels. „Gegen so einen riesigen Apparat kommt man als Einzelner doch nicht an, oder?" – „Gegenfrage", meinte darauf der Mann mit dem geschichtsträchtigen Namen, „wie viel ist neunundvierzig plus zwei?" – „Einundfünfzig, wieso?" – „Weil du zwei Prozent der Anteile besitzt. Und der größte Einzeleigentümer bei Rotwang, eine Stiftung, ‚nur' neunundvierzig Prozent der Aktien hält. Somit könntest du des Öfteren das sprichwörtliche Zünglein an der Waage sein. Ich weiß schon, das ist nichts für dich. Damit willst du nichts zu tun haben. Versteh' ich. Aber ich kenn' mich da noch immer bestens aus. Hätte da schon ein paar Ideen, wie man mit den zwei Prozent dem Koloss ein wenig auf die tönernen Füße klopfen könnte. Würde mir einen Riesenspaß machen, die Herrschaften ein bisserl zu sekkieren. Ach, was sag' ich: ein bisserl. Ein ziemlich lästiger Stachel in ihrem Hintern könnt' ich sein, wenn du mich lässt. Darf ich?"

Epilog

Albert Marx, genannt Charly, durfte. Der Onkel Franz hat ihm die Aktien zu treuen Händen übergeben. Unter einigen Auflagen. Erstens verlangte er zweimal im Jahr Bericht über den Stand seiner wirtschaftlichen Guerilla-Aktionen. Zweitens bestand er darauf, diese Berichte bei wechselseitigen Essenseinladungen entgegenzunehmen. Einmal käme er mit der Tante zu Besuch auf den Karl-Marx-Hof, wo Charlys Frau ihren berühmten Schweinsbraten zubereiten würde, ein andermal sollten sich die Marxens in Burgheim zum Krautwickler-Essen einfinden. Und drittens, ja drittens war es dem Onkel Franz wichtig, dass die jährliche Reise zu den neuen Freunden unbedingt eine zu sein hätte, bei der man auf gar keinen Fall umsteigen muss.

Klaus Ranzenberger

Geboren 1964 in Braunau am Inn, wo er nach wie vor lebt und einen Friseursalon betreibt. Beschäftigt sich seit frühester Jugend autodidaktisch mit Karikatur, Malerei und dem Schreiben und verfasst Kolumnen für lokale Blätter. Erfinder des „Onkel Franz", einer zeitgenössischen Innviertler Entsprechung von Torbergs Tante Jolesch, sowie der Burgheim-Krimi-Reihe im Verlag Anton Pustet.

Der Onkel Franz
oder die Typologie des Innviertlers

3. Auflage, 160 Seiten, 13,5 x 21,5 cm, Hardcover
ISBN 978-3-7025-0767-1, € 22,00

eBook: 978-3-7025-8001-8, € 14,99

www.pustet.at

Mord in vier Gängen

Ein Burgheim-Krimi

192 Seiten, 13,5 x 21,5 cm, Hardcover
ISBN 978-3-7025-0822-7, € 22,00

978-3-7025-8027-8, € 14,99
www.pustet.at

Klaus Ranzenberger
MORD
ist kein
Patentrezept
Ein Burgheim-Krimi
VERLAG ANTON PUSTET